班组长能力提升系列题库



# 班组长
# 计划管理能力题库

中华全国总工会劳动和经济工作部　技能强国-全国产业工人学习社区◎编

中国工人出版社

**图书在版编目（CIP）数据**

班组长计划管理能力题库 / 中华全国总工会劳动和经济工作部，
技能强国-全国产业工人学习社区编. —北京：中国工人出版社，2024.4
ISBN 978-7-5008-8446-0

Ⅰ.①班… Ⅱ.①中… ②技… Ⅲ.①班组管理－计划管理－习题集
Ⅳ.①F406.6-44

中国国家版本馆CIP数据核字（2024）第072449号

班组长计划管理能力题库

---

**出 版 人** 董　宽
**责任编辑** 丁洋洋
**责任校对** 张　彦
**责任印制** 栾征宇
**出版发行** 中国工人出版社
**地　　址** 北京市东城区鼓楼外大街45号　邮编：100120
**网　　址** http://www.wp-china.com
**电　　话** （010）62005043（总编室）
（010）62005039（印制管理中心）
（010）62379038（职工教育编辑室）
**发行热线** （010）82029051　62383056
**经　　销** 各地书店
**印　　刷** 天津中印联印务有限公司
**开　　本** 880毫米×1230毫米　1/32
**印　　张** 6.75
**字　　数** 125千字
**版　　次** 2024年4月第1版　2024年4月第1次印刷
**定　　价** 18.00元

---

**本书如有破损、缺页、装订错误，请与本社印制管理中心联系更换**

# 目　录
CONTENTS

# 单项选择题

1. 班组生产计划形成的一般步骤是（ ）。

A.（1）确定目标；（2）掌握信息、分析现状；（3）制订计划；（4）计划审批；（5）计划的实施与更改

B.（1）掌握信息、分析现状；（2）确定目标；（3）制订计划；（4）计划审批；（5）计划的实施与更改

C.（1）制订计划；（2）掌握信息、分析现状；（3）确定目标；（4）计划审批；（5）计划的实施与更改

D.（1）确定目标；（2）制订计划；（3）掌握信息、分析现状；（4）计划审批；（5）计划的实施与更改

2. 根据任务管理之任务分配的原则分析，一个班组内任务分配属于既重要又紧急的工作比重合理的是（ ）。

A. 0.01　　B. 0.25

C. 0.9　　D. 0.6

3. 在一位优秀班组长的基本技能结构中，专业能力的权重通常会占到（ ）的水平。

A. 0.6　　B. 0.7

C. 0.4　　D. 0.5

4. 用人单位制定或修改劳动规章制度的流程包含以下环节：1. 与工会或职工代表平等协商确定；2. 职工代表大会或全体职工讨论；3. 提出方案或意见；4. 公示告知。正确的排序是（ ）。

A. 1324　　B. 2134

C. 2314　　D. 3214

5. 在接班管理制度中，接班人员必须提前（　）到岗。

A. 60 分钟　　B. 30 分钟

C. 10 分钟　　D. 5 分钟

6. 用于识别问题、分析问题、解决问题的方法是（　）。

A. 5W1H 技术　　B. 3U-memo 法

C. 现场管理方法　　D. 施工方案

7. 对怀孕（　）以上的女职工，用人单位不得延长劳动时间或者安排夜班劳动，并应当在劳动时间内安排一定的休息时间。

A. 3 个月　　B. 4 个月

C. 6 个月　　D. 7 个月

8. 目标管理的指导思想是以管理心理学中的“（　）”为基础，即认为在目标明确的条件下，人们能够对自己负责，其理论依据是心理学与组织行为学中的目标论，即任何一个组织系统层层地制定目标并强调目标成果的评定，都可以改进组织的工作效率和职工的满意程度。

A. X 理论　　B. Y 理论

C. Z 理论　　D. XY 理论

9. 安全运行操作规程条目的先后顺序力求与（　）一致。

A. 作业标准　　B. 安全规范

C. 操作程序　　D. 行业要求

10. 企业应依据财政部、国家安监总局《企业安全生产费用提取和使用管理办法》(财企〔2012〕16号)规定，建立(　　)。

A. 安全生产费用提取制度

B. 安全生产费用使用制度

C. 安全生产费用提取和使用管理制度

D. 安全生产费用提取、使用和监督执行制度

11. 班组制度中，通常不包括(　　)的内容。

A. 工作职责分配　　B. 安全生产要求

C. 个人目标　　D. 绩效考核标准

12. 生产安全目标包括安全生产培训、安全设施管理、安全隐患及事故处理，下列属于安全生产培训的衡量标准的是(　　)。

A. 安全设施建设达标率　　B. 安全隐患及时处理率

C. 安全隐患及时上报率　　D. 安全生产培训覆盖率

13. 班组计划管理的核心目标是(　　)。

A. 提高个人技能　　B. 按时完成任务

C. 确保安全生产　　D. 提高员工满意度

14. 企业的顶级销售指的是(　　)。

A. 把产品卖给客户

B. 把客户变成回头客

C. 在客户中有良好的口碑，为企业带来更多的客户

D. 提供优质的服务

15.（ ）是班前会与班后会关系的正确表述。

A. 班前会是班后会的继续发展

B. 班后会是班前会的基础

C. 班前会是班后会的前提

D. 两者毫无关系

16.（ ）是完成当班工作任务的关键。

A. 班前工作布置　　B. 班中安全巡回检查

C. 现场质量验收　　D. 班后总结

17. 班组目标应由（ ）制定。

A. 班组长独自决定　　B. 班组成员共同讨论

C. 上级领导直接指派　　D. 外部专家提供建议

18. 班组的特点有（ ）。

A. 班组的规模小而结构复杂　B. 班组的工作细而具体

C. 班组的管理虚而任务重　　D. 班组的工作环境相对较好

19. 班组目标管理首先要准确理解企业的总目标，在对企业和车间各项目标充分分析和评估的基础上，为保证上级目标的完成设立（ ）。

A. 班组目标　　B. 班组计划

C. 班组实践　　D. 班组保障

20.（ ）不属于班组日常体系建设中的运用工具。

A. 班组台账

B. 班组轮值管理和岗位轮换制度

C. 班组例会法、案例管理法

D. 班组制度建设

21. 班组计划管理的定义是（　）。

A. 对班组日常工作和任务进行规划和组织的过程

B. 班组内部的人员管理和绩效考核

C. 班组的生产效率提升方案

D. 班组的安全培训和风险预防

22. 班组制度管理中，关于班组内部的沟通协作正确的是（　）。

A. 员工之间应保持独立工作，避免相互干扰

B. 班组内部应定期举行会议，促进信息交流

C. 班组长应独断专行，不需要听取员工意见

D. 员工之间的沟通应仅限于工作交接，不应涉及私人话题

23. 在班组制度管理中，对于班组内部的创新和改进建议正确的是（　）。

A. 鼓励员工提出创新和改进建议，并认真考虑

B. 班组内的创新和改进应由班组长独自负责

C. 员工提出的创新和改进建议通常不切实际，无须关注

D. 班组内的创新和改进仅针对生产流程，不涉及其他方面

24. 在班组制度中，对于班组的工作计划和目标设定正确的是（　）。

A. 班组长和个别员工协商决定即可

B. 班组内应全员参与，共同制定和讨论

C. 完全按照上级部门的指示执行，无须班组内部讨论

D. 班组的工作计划和目标设定与员工无关，由班组长独自决定

25. 班组管理的重点是（　）。

A. 班组数量控制　　B. 班组思想控制

C. 班组纪律控制　　D. 班组作业控制

26. 在班组制度管理中，关于班组文化建设的描述正确的是（　）。

A. 班组文化只是口号，无须实际体现

B. 班组文化建设应由班组长一人负责

C. 班组文化建设需要全员参与，共同营造

D. 班组文化建设与生产工作无关，无须关注

27. 在班组制度管理中，对于员工的个人发展与职业规划，说法正确的是（　）。

A. 员工的个人发展与职业规划是员工个人的事情，与班组无关

B. 班组应关注员工的个人发展，提供培训和支持，帮助员工实现职业规划

C. 员工个人发展与班组目标相冲突，无须特别关注

D. 员工个人发展仅适用于关键岗位员工，其他员工无须考虑

28. 班组现场安全管理工作的“四到”原则不包括（　）。

A. 发现问题后立刻解决

B. 班组长用心思考解决问题的办法

C. 班组长能迅速判断现场存在的问题

D. 班组长到员工家里家访

29. 改善方法中的“实施改善提案活动”主要是（　）。

A. 班组成员提出改进工作流程的建议

B. 班组长自行决定如何改进生产

C. 班组成员之间相互评价工作表现

D. 班组长定期对班组成员进行培训

30.（　）是对某种事项约定俗成、明文规定的标准。

A. 规定　　B. 办法

C. 规范　　D. 细则

31. 在班组制度管理中，关于员工休假制度的规定，主要是为了（　）。

A. 限制员工的休假权利

B. 保障员工的合法权益，合理安排员工的工作和休息

C. 随意制定，无须考虑员工需求

D. 增加工作强度，减少休假时间

32. 管理的基本原理是（　）。

A. 系统原理　　B. 本位原理

C. 局部原理　　D. 个人原理

33.（ ）不是“横向”模式下的跨团队合作。

A. 共同工作　　B. 彼此学习

C. 吃饭、喝酒、互相吹捧　　D. 良性竞争

34. 在班组制度管理中，规定的文档管理和记录要求主要是为了（ ）。

A. 增加员工工作量

B. 便于追溯问题，改进工作流程

C. 应对上级检查，形式化要求

D. 随意记录，无须规范

35. 关于班后会的说法不正确的是（ ）。

A. 总结、讲评当班工作的执行完成情况

B. 表扬好人好事

C. 批评、纠正工作中问题，及时制定整改措施

D. 解决班组遇到的所有问题

36. 档案保管期限分为（ ）、定期两种，定期分 30 年、10 年两类。

A. 永久　　B. 不定期

C. 暂时　　D. 半永久

37. 在班组现场安全管理的“四不”原则中，需要依靠教育管理的是（ ）。

A. 不敢　　B. 不能

C. 不愿　　　　　D. 不该

38. 在班组制度管理中，班前会的目的是（　）。

A. 娱乐放松　　　　　B. 布置当天的工作任务

C. 批评表现不佳的员工　　　　　D. 安排员工休假

39. 大事记应以（　）为顺序逐条记载，不在一条之中同时记载两件以上事项。

A. 序号　　　　　B. 部门

C. 时间　　　　　D. 空间

40. 费用报销凭证所填内容不得做任何（　）、挖补。

A. 涂改　　　　　B. 擦拭

C. 填写　　　　　D. 删除

41. 下列属于采购费用目标中采购预算管理衡量标准的是（　）。

A. 采购预算控制率　　　　　B. 采购价格控制率

C. 综合成本降低率　　　　　D. 订货量预测准确率

42. 组织的基本任务是（　）。

A. 向市场提供符合顾客和其他相关方要求的产品

B. 采取措施激励全体员工的工作热情

C. 配备必要的人力和物力资源

D. 建立系统的管理模式

43. 起草规章制度前，由（　）事先对规章制度制定的必要性、可行性、适用范围和对象、需要解决的主要问题和解决方案、与现有制度的关系、单位职责划分以及主管单位的确定等进行充分的研究。

A. 起草单位　　B. 参与单位

C. 协助单位　　D. 以上都不是

44. 在“5W1H”中，（　）是对“Why”的正确解释。

A. 目标和内容　　B. 参与人员

C. 整改地点　　D. 背景和原因

45. 下列属于产品品牌管理的衡量标准的是（　）。

A. 品牌知名度　　B. 产品价格竞争力

C. 产品成本　　D. 产品广告收视率

46. 下列属于产品竞争力目标中产品推广管理衡量标准的是（　）。

A. 产品广告收视率　　B. 产品市场反馈好评率

C. 品牌知名度　　D. 产品价格竞争力

47. 当作业被物品箱、设备埋没时，可能导致（　）问题。

A. 生产速度加快

B. 产品质量提高

C. 无法对作业者是否进行正常作业进行监管

D. 设备使用寿命延长

48. 班组的派生计划必须与班组（　）保持高度一致，并且相互关联。

A. 作业计划　　B. 车间生产计划

C. 企业总计划　　　　　　　D. 以上都是

49. 目标评估阶段中，如果目标没有完成，应该（　）。

A. 分析原因总结教训　　　　B. 惩罚下属责任者

C. 提高奖励措施　　　　　　D. 降低目标要求

50. 班组目标管理中，通过（　）来确保目标的合理性和挑战性。

A. 设定过于容易的目标

B. 充分考虑团队成员的意见和能力

C. 忽视市场需求变化

D. 随意调整目标期限

51. 班组目标管理中，通过（　）来确保目标的可行性。

A. 设定高不可攀的目标　　　B. 充分考虑资源限制

C. 忽视团队成员意见　　　　D. 随意调整目标

52.（　）不属于班组早会需要解决的问题。

A. 提醒安全注意事项　　　　B. 传达上级安全生产工作指示

C. 分析当天生产任务的特点　D. 充分讨论风险预防策略

53. 班组目标的制定方法中的标杆管理法是（　）原则。

A. 自上而下分解，自下而上支撑

B. 从横向比较中选定最高水平者作为标杆

C. 分阶段设立目标，逐步提高指标值

D. 以上都是

54. 班组目标的制定方法中的循序渐进法是（　）原则。

A. 自上而下分解，自下而上支撑

B. 从横向比较中选定最高水平者作为标杆

C. 分阶段设立目标，逐步提高指标值

D. 以上都是

55.（ ）用于把主生产计划转化为明细的物料需求。

A. 生产规划 B. 粗能力计划

C. 生产活动控制 D. 物料需求计划

56. 在班组制度管理中，关于班组间信息共享与交流的规定，说法正确的是（ ）。

A. 增加班组间的工作量，无须过多交流

B. 促进班组间的合作与协同，提高工作效率

C. 班组间存在竞争关系，无须信息共享

D. 信息共享与交流仅适用于特定项目，日常工作无须强调

57. 班组制度中规定的例会制度，主要是为了（ ）。

A. 增加员工休息时间 B. 促进员工间的交流与合作

C. 监督员工是否迟到 D. 随意安排工作内容

58. 在班组制度管理中，关于班组会议的规定，其主要目的是（ ）。

A. 增加员工的工作量

B. 促进员工之间的信息交流，协调解决工作中的问题

C. 仅用于传达上级的指示和要求

D. 随意召开，无须明确目的和议程

59. 紧紧围绕企业发展目标，从企业改革、发展和生产、经营、管理的实际出发，全面加强班组建设，努力夯实基础工作，进一步提高企业竞争能力。上述描述是班组建设应遵循的（ ）原则。

A. 适应企业发展需要　　B. 促进职工全面发展

C. 继承与创新相结合　　D. 行政管理与民主管理相结合

60. 班组工作要坚持以人为本，尊重职工、依靠职工，充分发挥职工主观能动性；保障职工权益，实现体面劳动；加强文化建设，体现人文关怀；注重提升素质，促进职工全面发展。上述描述是班组建设应遵循的（ ）原则。

A. 适应企业发展需要　　B. 促进职工全面发展

C. 继承与创新相结合　　D. 行政管理与民主管理相结合

61. 要在总结班组建设工作经验、坚持成功做法的基础上，认真研究新情况，努力解决新问题，积极探索新路子，不断创造新方法，使班组始终富有生机和活力。上述描述是班组建设应遵循的（ ）原则。

A. 适应企业发展需要　　B. 促进职工全面发展

C. 继承与创新相结合　　D. 行政管理与民主管理相结合

62. 在班组内部，既要维护班组长的行政指挥权威，又要尊重职工的民主权利，鼓励和支持职工参与管理，充分发挥班组工会小组长和“工管员”的作用，实现班组管理全员化。上述描述是班组建设应遵循的（ ）原则。

A. 适应企业发展需要　　B. 促进职工全面发展

C. 继承与创新相结合　　D. 行政管理与民主管理相结合

63. 单位（ ）应对各级领导、组织与岗位的安全生产责任进行审议，发布实施。

A. 主要负责人　　B. 主管领导

C. 安全生产委员会　　D. 安全管理领导

64. 在班前会中，通常不包括（ ）。

A. 安全注意事项提醒　　B. 当天生产计划说明

C. 员工个人生活分享　　D. 工作任务分配

65. 班组的各个派生计划之间要均衡、连续、协调，才能做到生产过程具有均衡、连续、协调性，达到班组计划（ ）。

A. 分解科学　　B. 调度合理

C. 协调到位　　D. 以上都是

66. 管理的前提是计划，计划的前提是（ ）。

A. 目标　　B. 调研

C. 数据　　D. 共识

67. 班组交接班的“三定”是定时间、定人员和（ ）。

A. 定地点　　B. 定内容

C. 定流程　　D. 定方式

68. 在班组制度管理中，对于班组内部的安全检查工作，说法正确的是（　）。

A. 安全检查是形式化的工作，无须认真执行

B. 定期进行安全检查，及时发现和消除安全隐患

C. 安全检查仅由安全管理人员负责，其他员工无须参与

D. 安全检查仅在发生事故后进行，无须日常预防

69. 班组计划管理中，通过（　）建立有效的沟通机制。

A. 依靠班组长传达信息　　B. 定期开会进行信息交流

C. 忽视沟通的重要性　　D. 非正式渠道沟通

70. 班组规范化管理中的“三定”是（　）。

A. 定岗、定责、定薪　　B. 定人、定职、定薪

C. 定岗、定员、定薪　　D. 定程序、定时间、定标准

71. 企业竞争力的（　）保证了企业多元化发展战略的成功。

A. 价值性　　B. 独特性

C. 延展性　　D. 科技性

72. 企业要制定的目标主要分为企业发展目标、部门目标、（　）三个层级。

A. 中期目标　　B. 短期目标

C. 员工目标　　D. 长期目标

73. 班组管理者按照企业经营目标要求，根据上级指令，做好本班组的生产和管理组织工作，体现了班组管理者的（　）

功能。

A. 关系协调　　B. 队伍领导

C. 管理组织　　D. 生产指挥

74. 班组管理者要调节上下级之间、班组之间、员工之间和工序之间的关系，体现了班组管理者的（　）功能。

A. 关系协调　　B. 队伍领导

C. 管理组织　　D. 生产指挥

75. 加强班组管理基础工作的日常管理、健全规章制度，开展班组经济核算，体现了班组管理者的（　）功能。

A. 关系协调　　B. 队伍领导

C. 管理组织　　D. 生产指挥

76. 班组目标管理中的信息反馈及处理的目的是（　）。

A. 根据实际情况对目标进行调整和反馈

B. 对目标进行考核，目标完成的质量可以与个人的奖励、晋升挂钩

C. 识别员工的核心工作，责任到人

D. 建立一套反馈机制来评估目标的完成情况

77. 当班组目标无法按时完成时，做法不正确的是（　）。

A. 分析原因并制定补救措施　　B. 对团队成员进行惩罚

C. 调整目标以适应实际情况　　D. 寻求上级领导的支持和帮助

78. 监督有效子任务的通用做法是（　）。

A. 全过程管理

B. 多考虑重点工作，少关注非重点工作

C. 多考虑关键步骤，少关注琐碎的事情

D. 随机抽查

79. 班组管理的基本方法有（　　）。

A. 行政的方法　　B. 法律的方法

C. 经济的方法　　D. 制度的方法

80. 班组计划管理中，进行物品识别和标识的主要目的是（　　）。

A. 提高物品的美观度　　B. 方便物品的采购

C. 便于物品的分类和管理　　D. 增加物品的存储量

81. 汽车制造厂对汽车轮胎的需求属于（　　）。

A. 相关需求　　B. 非相关需求

C. 一次性需求　　D. 重复性需求

82. 班组目标管理的内容是（　　）。

A. 准确理解企业的目标　　B. 分解班组目标

C. 对目标赋予权重　　D. 以上都是

83. 目标管理强调个人目标、班组目标和企业目标的统一，强调个人、班组的利益同企业利益的融合。这种管理方式是（　　）。

A. 员工自我管理的方式

B. 分权和授权的方式

C. 上下级结合制定的评价标准

D. 以上都是

84. 班组原始记录管理包括记录、管理和（　　）三方面内容。

A. 统计　　B. 分析

C. 统计分析　　D. 存档

85. 下列不属于概括技能的是（　　）。

A. 思考　　B. 分析

C. 判断　　D. 激励

86. 班组长在填写质量管理资料时，（　　）是必要的步骤。

A. 仅记录质量检查的结果

B. 分析质量问题的原因并制定对策

C. 每日更新生产进度报告

D. 忽略一些小问题，认为它们不会影响整体质量

87. 阿米巴经营的创始人是（　　）。

A. 松下幸之助　　B. 丰田喜一郎

C. 稻盛和夫　　D. 本田宗一郎

88. 目标管理的优势是（　　）。

A. 明确组织的目标与任务　　B. 改进或优化基层管理

C. 有助于提升全员士气　　D. 以上都是

89. 运用抽象思维分析问题、解决问题的能力属于（　　）。

A. 技术技能　　B. 概念技能

C. 人际关系技能

90. 企业中处于较低管理层的管理人员作的决策数量多且很重要，在决策时受到的限制很少，则可认为该企业（　）。

A. 管理人员的素质较高　　B. 高层主管比较开明

C. 组织集权程度较高　　D. 组织分权程度较高

91. 班组计划管理中团队协作的关键是（　）。

A. 分工明确　　B. 个人能力突出

C. 成员间相互竞争　　D. 班组长权威

92. 目标管理就是管理者通过（　）目标的科学确立，引导执行者追求一步步实现各层级目标，以实现最终目标的管理方法。

A. 各车间、各班组　　B. 各侧面、各层级

C. 各种各样　　D. 企业

93. 班组长在落实目标管理中需要做到（　）。

A. 识别员工的核心工作，目的是责任到人

B. 给每个工作设立明确的挑战性的目标

C. 为每个目标设定最后期限

D. 以上都是

94. 在班组目标管理中，面对员工应该（　）。

A. 通过惩罚来提高员工的积极性

B. 给予员工充分的自主权

C. 忽视员工的个人需求

D. 仅仅依赖物质奖励

95. 班前会结束后，员工应（　）。

A. 直接开始工作，无须再做准备

B. 根据班前会的内容调整工作状态

C. 继续闲聊，等待上班时间的到来

D. 离开工作岗位，处理个人事务

96. 在班组制度管理中，对于员工的培训和技能提升合理的是（　）。

A. 仅对新员工进行技能培训，老员工无须再次培训

B. 根据工作需求和员工能力，定期进行技能培训和提升

C. 技能提升是员工个人的事情，与班组无关

D. 技能提升仅针对关键岗位员工，其他员工无须参与

97.（　）是确定要因的方法。

A. 根据问题的影响程度大小来确定

B. 根据解决问题的难易性来确定

C. 根据主观判断

D. 根据组长指示

98. 班组目标管理的基本步骤中，检查实施结果及奖惩的作用是（　）。

A. 对目标进行考核，目标完成的质量可以与个人的奖励、晋升挂钩

B. 根据实际情况对目标进行调整和反馈

C. 识别员工的核心工作，目的是责任到人

D. 为每个工作设立明确的挑战性的目标

99. 在班组制度管理中，对于班组内部的资源分配，说法正确的是（　）。

A. 资源分配完全由班组长决定，员工无须参与

B. 根据员工的个人需求进行资源分配

C. 根据员工的工作表现和贡献进行资源分配

D. 资源应平均分配，不考虑员工的实际情况

100. 班组制度管理中，对于员工的培训和提升说法正确的是（　）。

A. 仅针对新员工进行培训，老员工无须参与

B. 根据员工的工作表现和潜力，制订个性化的培训计划

C. 所有员工都应接受相同的培训内容，无须区分

D. 员工的提升仅依赖于工作年限，与表现无关

101. 在班组制度管理中，对于班组的日常工作安排，下列说法正确的是（　）。

A. 班组长随意安排，无须与员工协商

B. 根据员工的技能和工作效率进行合理分工

C. 日常工作安排应固定不变，避免调整

D. 日常工作安排完全按照员工的个人意愿进行

102. 班前会应由（ ）主持。

A. 班组长 B. 工厂经理

C. 任意员工 D. 上级领导

103. 班组对班组自身各作业、操作和管理环节进行统一化、规范化、程序化和简化的设计和执行过程，即（ ）。

A. 班组标准化作业 B. 工序操作标准化

C. 日常管理标准化 D. 生产和服务标准化

104. 班组任务管理的基本原则是（ ）、权责利相连、员工参与、信息共享。

A. 以人为本 B. 工作安排

C. 工期计划 D. 信息化

105.（ ）是按照企业生产经营活动客观规律的要求，对班组各项管理工作的范围、内容、程序和方法等所作的一系列规定。

A. 工作职责 B. 工作标准

C. 班组管理制度 D. 班组责任制度

106. 明确规定班组各成员的工作岗位、工作职责和工作标准等属于（ ）。

A. 工作职责 B. 工作标准

C. 班组管理制度 D. 班组责任制度

107. 现场作业计划，是指在计划期内，生产班组应完成的（ ），是为把企业和车间的生产任务落实到每个人、每台设备而编制的具体工作方案。

A. 工作总量　　B. 工作标准

C. 工作质量　　D. 工作管理

108. 在制订项目计划过程中，应该运用（　）来减少项目风险。

A. 项目进度计划　　B. 工作分解结构

C. 减轻计划　　D. 项目目标说明

109. 在班组制度中，对于新员工的培训应包含（　）。

A. 仅需告知工作内容

B. 工作内容、操作规范、安全知识等

C. 企业文化和团建活动安排

D. 员工的福利待遇

110. 下列属于中层经理对下属的角色定位的是（　）。

A. 内部客户　　B. 公司代言人

C. 协助者　　D. 激励者

111. 公司任务和部门任务立足于集体目标，岗位目标则以（　）为主。

A. 集体目标　　B. 公司目标

C. 个人目标　　D. 年度目标

112. 下列属于采购质量目标中质量认证衡量标准的是（　）。

A. 采购的残次物资比重　　B. 供应商认证出错率

C. 采购价格控制率　　　　D. 综合成本降低率

113. 进度计划在项目早期的重要用途是（　）。

A. 确定项目成本　　　　B. 沟通项目里程碑

C. 制定工作分解结构　　　　D. 估算活动持续时间

114. 在班组制度管理中，关于员工建议和意见反馈的规定，说法正确的是（　）。

A. 仅用于收集员工的意见，无须实际采纳

B. 鼓励员工参与管理，促进班组改进和发展

C. 员工反馈与班组管理无关，无须特别关注

D. 员工反馈仅适用于特定问题，常规工作无须考虑

115. 在班组制度管理中，对于班组的创新氛围营造，说法正确的是（　）。

A. 压制员工的创新想法，维持班组稳定

B. 鼓励员工提出创新建议，提供资源和支持

C. 创新是员工个人的事情，与班组无关

D. 创新仅适用于关键岗位员工，其他员工无须参与

116. 班组在进行目标管理时，（　）措施最有助于确保“零缺陷”的实现。

A. 定期对员工进行技能培训

B. 鼓励员工提出改进产品质量的建议

C. 允许一定比例的缺陷品流出

D. 仅依赖质量检测来保证产品质量

117. 班组计划管理中，通过（　）提升员工参与度。

A. 强制员工参与　　B. 鼓励员工提出建议和意见

C. 忽略员工需求　　D. 仅依赖班组长的决策

118. 在班组制度管理中，对于员工间的团队合作，说法正确的是（　）。

A. 员工间应独立工作，避免相互依赖

B. 鼓励员工相互支持，形成团队合作的良好氛围

C. 团队合作仅适用于特定项目，日常工作无须强调

D. 团队合作与个人能力无关，无须特别关注

119. 项目目标是（　）。

A. 项目的最终结果

B. 关于项目及其完成时间的描述

C. 关于项目的结果及其完成时间的描述

D. 任务描述

120. 班组目标管理中，通过（　）来建立有效的激励机制以提高团队凝聚力。

A. 仅提供物质奖励　　B. 关注团队成员个人成长

C. 不考虑团队成员差异　　D. 忽视团队氛围的营造

121. 标准按照性质可分为技术标准、作业标准和（　）。

A. 工作标准　　B. 管理标准

C. 地方标准　　D. 行业标准

122. 以下关于管理的说法，正确的选项是（　）。

A. 管理职能包括计划、组织、领导和控制，它们是不关联的、相互独立的活动

B. 管理活动是一个循环往复、螺旋式上升的过程

C. 管理和领导的实质是一样的

D. 管理的实质确实是要把人管住

123.（　）负责主持制定、发布质量方针和质量目标。

A. 最高管理者　　B. 管理者代表

C. 董事长　　D. 质量管理部

124. 为了改善班组目标管理，（　）方法是不正确的。

A. 增强员工的自主意识

B. 贯彻日常检查制度

C. 忽略设备维护和检修的重要性

D. 定期对员工进行培训和指导

125.（　）是要求全公司的人员共同遵守的行动准则或办事规程，具有较强的约束力和一定的强制性。

A. 制度　　B. 规定

C. 办法　　D. 工作计划

126. 为保证整个班组管理制度体系的有效运作，（　）不属于制定制度和标准的要求。

A. 主动性　　B. 规范性

C. 科学性　　D. 实用性

127.（　）是为了加强管理和严格组织纪律而制定的，要求有关人员共同遵守的办事规程和行动准则。

A. 工作简报　　B. 规章制度

C. 工作计划　　D. 公告

128.（　）是企业进行生产技术活动的基本依据，是企业标准化体系的核心。

A. 管理标准　　B. 国家标准

C. 强制标准　　D. 技术标准

129. 改善提案活动的流程中，通常不包括（　）环节。

A. 提出提案　　B. 核定等级

C. 评审　　D. 随意忽略部分提案

130. 班组长在进行日常管理时，（　）做法是不正确的。

A. 明确日常管理项目并每日实施确认

B. 忽略班组成员对改进工作质量的建议

C. 通过培训会议增强班组成员的质量意识

D. 定期向主管报告质量管理工作情况

131. 为了改善班组目标管理，说法不正确的是（　）。

A. 制定详细的操作表，明确作业步骤和方法

B. 忽略操作表中的标准，根据员工个人习惯进行作业

C. 对新员工进行操作表的培训，确保他们从一开始就遵循标准

D. 定期检查操作表的执行情况，并进行必要的更新和优化

132. 安全环保目标分解应针对每个部门的（　）和所属层级组织的实际情况进行分解，并横向分别承担，纵向逐级细化，覆盖所有部门和层级。

A. 安全环保职责　　B. 环境保护职责

C. 安全生产职责　　D. 生产经营目标

133. 作为基层管理者，您认为以下描述正确的是（　）。

A. 基层管理者在上级目标分解后应该主动将上级目标与本部门主要职责挂钩，落实和分解到每个员工身上，并沟通确认

B. 基层管理者主要制定相关部门规章，确保员工管理规范有依据

C. 基层管理者重点工作是代表本团队员工利益与上级领导交流

D. 基层管理者的主要工作是进行人员管理，因此专业工作应占总工作时间的 10%

134. 可行性研究是（　）。

A. 研究项目的计划　　B. 基于项目的计划

C. 推荐候选技术的计划　　D. 不推荐候选技术的计划

135.（　）应该设在大部分员工都能做到的水平，过高或过低都会妨碍目标管理。

A. 优秀标准　　B. 及格线

C. 预期销售额　　D. 计划完成率

136. 班组计划管理中处理突发情况时应（　）。

A. 忽略不计　　B. 及时调整计划

C. 等待问题自行解决　　D. 责备相关责任人

137. 班组任务管理思路的龙头是（　）。

A. 组织　　B. 计划

C. 目标　　D. 任务

138. 与 20 世纪相比，21 世纪管理者强调的是（　）。

A. 计划、执行、人事、控制

B. 计划、执行、控制、行动

C. 执行、控制、行动、激励

D. 授权、激励、培训

139. 班组现场作业流程规范化管理的载体是（　）。

A. 计划 + 表单　　B. 计划 + 两票

C. 表单 + 两票　　D. 工作计划

140.（　）决定了班组计划能否实现。

A. 计划制订　　B. 计划执行

C. 计划评估　　D. 计划调整

141. 在班组制度管理中，规定的员工考勤制度主要是为了（　）。

A. 惩罚迟到的员工

B. 记录员工的工作时间，确保工作纪律

C. 增加员工的工作压力

D. 随意调整员工的工作时间

142. 按照计划及时组织班组员工开展业务学习和应急演练，由（　）负责并组织实施。

A. 班组长　　B. 技能辅导员

C. 安全员　　D. 技术骨干

143. 下列不属于规章制度制定的原则的是（　）。

A. 政策性　　B. 继承性

C. 先进性　　D. 个人性

144. 战略执行的核心是（　）。

A. 目标管理　　B. 绩效管理

C. 核心竞争力　　D. 激励体系构建

145. 在班组目标管理中，管理要点包括（　）。

A. 提高员工的技能水平

B. 加强与其他部门的沟通

C. 把操作表、检查程序表准备齐全，并根据操作表进行确认、指导

D. 减少生产中的浪费

146. 客户购买的是（ ）。

A. 具体的产品与服务 B. 价值

C. 不需要的物品

147. 班组的制度建设是指（ ）。

A. 消除班组工作中混乱和内耗现象

B. 坚持按劳分配

C. 班组制定、执行和不断完善各种规章制度的过程

D. 开好班组民主管理会和民主生活会

148. 班组长在班前应（ ）以确保机械设备和治具的正常运作。

A. 检查作业者的技能水平

B. 检查机械设备的外观是否干净

C. 使用作业动作状态检查表来确认机械设备和治具的状态

D. 检查工作区域的通风情况

149. 班组目标管理的核心目的是（ ）。

A. 提高生产效率

B. 减少设备维护成本

C. 调动广大员工积极性，从而保证实现总目标

D. 增加员工工作量

150. 在班组目标管理中，（ ）属于管理要点。

A. 提高员工技能水平

B. 减少生产中的浪费

C. 对防错、设备、治具、机器实施日常检查，并做相应记录

D. 增加设备投资

151. 在班组制度管理中，对于班组的激励机制，说法正确的是（　）。

A. 激励机制仅针对表现优秀的员工，其他员工无须关注

B. 建立公平、有效的激励机制，激发员工的工作积极性和创造力

C. 激励机制是班组长的个人行为，无须规范

D. 激励机制应仅考虑物质奖励，忽略精神层面的激励

152. 在班组制度管理中，对于处理班组的突发事件，说法正确的是（　）。

A. 突发事件难以避免，无须过多关注

B. 建立完善的应急预案，及时响应和处理突发事件

C. 突发事件处理仅由班组长负责，其他员工无须参与

D. 突发事件处理应依赖外部支持，班组内部无须准备

153. 项目控制管理主要包括项目范围、进度、（　）、质量控制等方面。

A. 预算　　B. 成本

C. 数量　　D. 决算

154. 把（　）变作团队成员的共同愿景来提升团队的凝聚力。

A. 计划　　B. 建议

C. 理想　　D. 目标

155. 规章制度在企业组织中的作用是（　）。

A. 促进员工之间的交流

B. 提高工作效率

C. 全体成员必须遵守的行为准则

D. 增强团队合作精神

156. 在班组制度管理中，对于员工的奖惩记录（　）。

A. 应公开透明，确保公正性

B. 可随意修改，无须留底

C. 仅由班组长掌握，不告知员工

D. 无须记录，仅凭口头通知

157. 一般来讲，（　）不是企业发展的驱动因素。

A. 让更多的人到企业工作　　B. 降低经营成本

C. 尽量增加收益　　D. 提高顾客满意度

158. 班组计划管理对于提升班组整体绩效的作用体现在（　）。

A. 增加员工工作量　　B. 降低生产效率

C. 优化资源配置　　D. 减少员工沟通

159.（　）不属于班前会的“三交”工作。

A. 交代工作任务　　B. 交代精神状态

C. 交代工作安全　　D. 交代安全保护措施

160. 班组长主持开好班前会，做好班前（ ）工作并做好记录。

A. 交代任务

B. 交代任务、交代安全

C. 交代任务、交代安全、交代措施

161. 班组长不断提升自己的管理水平逐步具备各方面能力，其中（ ）排在第一位。

A. 目标管理能力　　B. 交流与交际能力

C. 解决突发问题的能力　　D. 专业能力

162. 在班前交接管理工作中，“两不离开”原则是指（ ）。

A. “班后会议”未开完不离开车间和事故分析会议未开完不离开车间

B. 接班者未签字不离开车间和事故分析会议未开完不离开车间

C. “班后会议”未开完不离开车间和接班者未签字不离开车间

D. 以上都不是

163. 用人单位不得因女职工怀孕、生育、哺乳，降低其工资、予以辞退、与其（ ）。

A. 解除劳动或者聘用合同　　B. 解除劳动合同

C. 解除聘用合同　　D. 解除劳动关系

164. 班组目标管理的实施过程中，面对员工反馈应该（ ）。

A. 忽略员工的意见和建议　B. 仅接受班组长认可的反馈
C. 积极倾听并合理采纳　D. 仅在出现问题时考虑反馈

165. 班组目标管理中，操作表的主要目的是（　）。
A. 提高员工的工作效率
B. 仅用于记录员工的出勤情况
C. 作为管理者进行管理的工具，并确认组员的作业是否正确
D. 仅用于新员工培训

166. 项目计划的种类很多，但（　）是必不可少的主要的项目计划。
A. 综合计划、人力资源计划、风险计划
B. 范围计划、进度计划、成本计划
C. 范围计划、进度计划、干系人管理计划
D. 沟通计划、质量计划、采购计划

167. 在会议准备的阶段，班组长应做好（　）。
A. 删除无关紧要的议题，做到会议主题明确，中心突出
B. 尽可能对主要议案亲自做些调查，对讨论中可能发生的争论，预先做到心中有数
C. 把会议议题、相关情况提前告诉参加会议的人，使大家早有准备
D. 以上都是

168. 班组目标应具有可考核性的方法是（　）。

A. 进行量化　　B. 进行调查研究

C. 进行商量　　D. 进行反复思考

169. 班组处于企业组织生产经营和管理服务的第一线，担负着保证企业实现生产、（　）的任务。

A. 装卸计划　　B. 经营目标

C. 收入任务　　D. 接发作业

170. 采用头脑风暴法后要记录大量的观点，在分析和整理这些观点时，最适宜选用的工具方法有（　）。

A. 树图　　B. 矩阵图

C. 亲和图　　D. 检查表

171. 管理作为一门科学，其自身的内在特点有（　）。

A. 任务性、数量性　　B. 决策性、集权性

C. 人本性、协调性　　D. 灵活性、随意性

172. 目标实施的管理是指在落实保证措施计划，促使目标实现过程中所进行的管理。这个阶段是目标管理取得成效的（　）环节。

A. 决策性　　B. 决定性

C. 一般性的中间　　D. 最终

173. 以业务为主线，计划为龙头，有序展开实现（　）管理。

A. 闭环　　B. 开环

C. 循环　　D. 圆环

174. 在班组制度管理中，对于班组的考勤制度，下列合理的是（　）。

A. 考勤制度应宽松，不严格执行

B. 考勤制度应严格，迟到早退必须严惩

C. 考勤制度应灵活，根据具体情况调整

D. 考勤制度仅适用于新员工，老员工无须遵守

175. 班组长应具备的基本素质有（　）。

A. 组织决策能力　　B. 科学文化素质

C. 劳动能力　　D. 以上都是

176. 目标管理的理论基础是（　）与行为科学理论的有效统一。

A. 科学生产理论　　B. 科学战略理论

C. 科学实践理论　　D. 科学管理理论

177. 班组目标的制定原则中，（　）是指班组目标要明确具体，不能模糊不清。

A. 明确性原则　　B. 可达性原则

C. 可衡量性原则　　D. 可持续性原则

178. 班组目标的制定原则中，（　）是为每个目标设定最后期限。

A. 明确性原则　　B. 可行性原则

C. 参与性原则　　D. 优先性原则

179. 班组目标的制定原则中，建立一套反馈机制来评估目标的完

成情况的原则是（ ）。

A. 明确性原则 B. 可行性原则

C. 参与性原则 D. 反馈性原则

180. 出现问题时，应该首先寻找（ ）的原因和责任。

A. 别人 B. 客观

C. 自己 D. 以上都不是

181.（ ）指互动主体在价值体系和对事物的认知上存在差异。

A. 主观根源 B. 客观基础

C. 客观根源 D. 价值观点

182. 提高（ ）是企业制定销售目标的出发点。

A. 回款及时率 B. 客户满意度

C. 销售利润率 D. 产品销售量

183. 班组目标管理中，关于“客户满意”的理念，说法正确的是（ ）。

A. 只要产品质量合格，就能保证客户满意

B. 客户满意是班组工作的目标

C. 应通过持续改进和超越期望来满足客户

D. 客户满意与班组工作效率无关

184. 领导是管理过程中目标与计划确立之后的一个重要环节，归纳有几种典型领导活动。下列不属于典型领导活动范畴的是（ ）。

A. 决策与沟通　　B. 控制与改善

C. 指导与培育　　D. 奖励与处罚

185. 要解决消除偏差问题、保证预期目标的实现的职能是（　）。

A. 组织职能　　B. 控制职能

C. 计划职能　　D. 协调职能

186. 规章制度的解释应采用（　）形式，不得违背国家相关法律法规、公司有关规定，以及该制度的具体规定。

A. 书面　　B. 口头

C. 电子邮件　　D. 以上都不是

187. 不属于物料需求计划的关键信息要素的是（　）。

A. 主生产计划　　B. 库存记录

C. 生产纲领　　D. 物料清单

188. 目标是计划的指向，计划是目标的（　）。

A. 依据　　B. 来源

C. 保证

189. 3U-Memo 法，能够及时地解决（　）问题。

A. 管理　　B. 浪费

C. 现场　　D. 习惯

190.（　）是企业有关人力资源及其在劳动方面的组织、计划、协调等工作。

A. 生产管理　　B. 劳动管理

C. 设备管理　　　　　　　　D. 现场管理

191. 班组（　）制度主要包括材料管理制度、成本核算制度、成本超支考核办法等。

A. 质量管理　　　　　　　　B. 劳动管理

C. 生产管理　　　　　　　　D. 成本管理

192.（　）不属于计划日程安排工具。

A. 横道图　　　　　　　　　B. 里程碑图

C. 甘特图　　　　　　　　　D. 导航图

193. 在班组制度管理中，对于安全生产事故的处理正确的是（　）。

A. 瞒报或掩盖事故真相，以免受到处罚

B. 立即上报，按照规定程序进行处理

C. 自行处理，不需要向上级汇报

D. 对事故责任人进行私下处罚，避免公开化

194. 当班组长发现上工序或本工序有新人作业时，应（　）。

A. 忽略新人，认为他们不会影响质量

B. 立即停止生产，等待新人熟悉作业

C. 提前联络检查员或下工序，并留意新人作业的质量情况

D. 要求新人自行向上工序或检查员报告

195. 企业核心竞争力的特性是（　）。

A. 科技性　　　　　　　　　B. 利润性

C. 战略性　　D. 价值性

196. 班前会的召开，对管理的作用不包括（　）。

A. 利于工作的布置　　B. 利于任务的达成

C. 利于传达公司通知　　D. 利于树立威信

197. 班组长的主要作用是（　）。

A. 带头作用、协调作用　　B. 领导作用、合作作用

C. 宣传作用、民主管理　　D. 政治领导、经营决策

198. 班组长主持开好班前、班后会和（　）或每个轮值一次的班组安全日活动，并做好安全活动记录。

A. 每周　　B. 每月

C. 每季

199. 班组目标管理的推进中，（　）是建立对比机制的关键要点。

A. 每日进行数据统计和工作总结，找到差距和不足

B. 每周、每月进行汇总统计并制作趋势分析图

C. 按时刻、时段进行对比，及时发现现场存在的问题

D. 以上都是

200. 在班组目标管理中，对质量信息进行目视管理的主要作用是（　）。

A. 提高班组成员的工作热情

B. 美化工作区域

C. 使质量状况和问题一目了然，便于管理和改善

D. 增加班组成员之间的交流

201. 班组（ ）制度的主要内容为：组织和发动职工参与管理、行使当家做主的权利、提高班组的经营管理水平。

A. 政治管理 B. 民主管理

C. 作业管理 D. 现场管理

202. 目标管理的基本程序中，目标管理的具体做法分为（ ）阶段。

A. 目标讨论、目标执行、目标总结

B. 目标监控、目标调整、目标反馈

C. 目标设立、目标检查、目标奖惩

D. 目标设定、目标实现、目标评估

203. 目标管理卡能规定目标项目、（ ）和实现目标的要求等情况。

A. 目标权限 B. 目标条件

C. 日标值 D. 奖惩措施

204. 目标管理的基本原则不包括（ ）。

A. 目标应明确、具体，不可模棱两可

B. 目标要既有挑战性，又有可行性，使其成为员工“跳起来可以摘到的桃子”

C. 目标应具有可测量性，其测量结果不因测量人的不同而不同

D. 目标最重要，班组长在目标管理过程中决不能妥协

205. 企业利用目标管理法进行绩效考评，在制定绩效目标时，以下说法不正确的是（　）。

A. 由员工的上司为员工制定个人目标

B. 目标要依据企业的战略目标及相应的部门目标确定

C. 目标不宜过高，要有针对性

D. 在设立目标时，还应该制定达到目标的详细步骤

206. 班组目标确定时需要注意的原则是（　）。

A. 确保目标的合理和可行

B. 目标应具有可考核性

C. 目标确定的灵活性和进步性

D. 以上都是

207. 安全目标管理中，安全目标的设定是由（　）完成的。

A. 目标责任者的主管领导　B. 目标责任者本人

C. 企业第一领导者　D. 安全专职机构

208. 常见问题中提到的“对难以进行的作业不予处理而导致工作效率低下”表明了（　）。

A. 作业难度不影响工作效率

B. 难以进行的作业应该被立即放弃

C. 对难以进行的作业需要采取适当的处理措施，以提高工作效率

D. 工作效率低下只与作业者的技能有关

209. 项目管理的特征不包括（　）。

A. 对象　　B. 内容

C. 手段　　D. 重复性

210. 在设定进展目标时需遵循 SMART 原则，（　）不属于 SMART 原则。

A. 无时间限定的　　B. 能够测量的

C. 能够完成的　　D. 明确的目标

211. 工作分解结构类似于因数分解，是指将一个计划项目，按一定的原则分解成不同任务，任务再分解成各项工作，再把各项工作分配到每个人的日常活动中，直到分解（　）为止。

A. 饱和　　B. 平均

C. 平衡　　D. 不饱和

212. 在目标管理周期结束后，每位员工都要对比（　）标准，对达标的情况进行自我检验和评价，给出评价结论。

A. 评价　　B. 评估

C. 测评　　D. 执行

213. 改善方法中提到的“管理者进行实际作业确认”的目的是（　）。

A. 了解作业者的个人技能水平

B. 评估作业难度是否适当

C. 发现并解决影响生产效率和产品质量的问题

D. 确保作业者遵守所有标准操作程序

214. 班组长主持开好班后会，做好班后（　）工作并做好记录。

A. 评任务完成情况

B. 评任务完成情况、评工作中安全情况

C. 评任务完成情况、评工作中安全情况、评安全措施执行情况

215. 班组按其生产产品、工作性质和业务范围，一般分为（　）。

A. 基本生产班组、辅助生产班组、职能生产班组和服务班组

B. 普工班组、技术班组

C. 生产班组、脱产班组

D. 操作班组、维修班组

216. 计划是关于组织未来的（　），是对组织在未来一段时间内的目标和实现目标途径的策划与安排。

A. 蓝图　　B. 期望

C. 策划　　D. 规划

217. 在安全目标实施中，目标责任者实施目标的途径或方法由（　）决定。

A. 责任者主管领导　　B. 企业第一领导者

C. 安全专职机构　　D. 责任者自主

218.（ ）是企业识别系统的核心。

A. 企业产品标识　　B. 企业理念识别

C. 企业制度建设　　D. 企业信誉保障

219. 班组制度的特点在于（ ）。

A. 企业制度大而全，班组制度细而实

B. 企业制度侧重于提要求，班组制度侧重于落实

C. 企业制度制定刚性，班组制度应公约化

D. 以上都是

220. 职员看到的企业内部的变化通常是由（ ）引发的。

A. 企业内部的结构　　B. 企业重组

C. 技术进步　　D. 外部因素

221. 违章的（ ）特点是指“看到老职工违章操作既省力，又没出事，就盲目效仿，又用自己的习惯性违章行为去影响新职工，以至于这些不良的习惯性行为方式难以彻底根除”。

A. 顽固性　　B. 潜在性

C. 排他性　　D. 传染性

222. 班组长管理的类型概括为（ ）。

A. 制度管理　　B. 情感管理

C. 制度与情感结合管理　　D. 以上都是

223. 当项目存在一个中等水平并且未定义清楚的风险，这时需要进行成本估算，最佳的处理方法是（ ）。

A. 在考虑所有可能出现的结果的前提下进行成本估算

B. 请团队成员帮助估算成本

C. 根据已有信息，计算一份参数估算

D. 提供一份类比估算

224. 企业经营战略具有（　）、竞争性、纲领性等特征。

A. 经营性、协作性　　B. 全局性、长远性

C. 整体性、市场性　　D. 最优性、挑战性

225. 下达命令的三大原则是：任务明确具体、确认部下对任务了解的程度和（　）。

A. 果断　　B. 全面及时

C. 认真严肃　　D. 激发员工执行意愿

226. 班组目标管理的常见问题是（　）。

A. 缺乏标准化的目标管理模式

B. 缺乏班组全员参与

C. 目标管理上的考核制度未量化和标准化

D. 以上都是

227. 在班组制度管理中，关于工作交接的规定，说法正确的是（　）。

A. 增加交接手续，给工作带来不必要的麻烦

B. 确保工作的连续性和准确性，避免信息遗漏或误解

C. 随意进行工作交接，无须规范

D. 工作交接仅由班组长负责，其他员工无须参与

228. 班组在进行目标分解时，做法错误的是（ ）。

A. 将年度目标分解为季度、月度、周度的小目标

B. 确保每个成员都清楚自己的职责和目标

C. 仅由班组长制定目标，不征求其他成员的意见

D. 定期检查目标的完成情况，及时调整策略

229. 监督者在日常管理中，首先应关注的是（ ）。

A. 提高生产效率

B. 确保每日工作质量

C. 加强与班组成员的社交互动

D. 减少生产成本

230. 在班组制度管理中，建立物料管理制度的主要目的是（ ）。

A. 增加物料存储量

B. 确保物料的有效利用和减少浪费

C. 随意摆放物料，方便取用

D. 物料管理仅由物料员负责，与其他员工无关

231. 班组计划管理中沟通的重要性是（ ）。

A. 可有可无　　B. 确保信息准确传递

C. 仅用于娱乐和社交　　D. 增加班组长的工作量

232.（ ）不是目标管理法实施环节。

A. 确定个人目标　　B. 确定班组目标

C. 明确组织目标　　　　　　D. 确定班组长目标

233. 项目开始的标志是（　）。

A. 确定项目发起人　　　　　B. 确定项目预算

C. 确定项目结束日期　　　　D. 确定项目结果

234. 在班后，班组长应负责（　），以确保工作区域的整洁和安全。

A. 检查作业者的出勤情况

B. 确认下一班次的工作计划

C. 防护用具的收回、放置，工具的整理和点检，以及现场清扫的确认

D. 评估本班次的生产效率

235. 管理是有组织、有意识、有目的的实践活动。在实际工作中，管理的目的具体表现为管理目标的实现。它是管理的出发点和归宿点，任何管理活动都必须把制定管理目标作为首要任务。上述文字体现了班组管理的（　）。

A. 目的性　　　　　　　　　B. 人本性

C. 普遍性　　　　　　　　　D. 层次性

236. 在管理过程中要把提高人的素质、处理人际关系、调动人的积极性和创造性放在中心地位，把人视为最宝贵的资源。管理的核心就在于处理人与人、人与物之间的关系。上述文字体现了班组管理的（　）。

A. 目的性　　B. 人本性

C. 普遍性　　D. 层次性

237. 任何社会、组织、层级，都需要管理。正是由于管理应用范围的普遍性，提高管理水平才具有更重要的意义。上述文字体现了班组管理的（　）。

A. 目的性　　B. 人本性

C. 普遍性　　D. 层次性

238. 不同领域、行业的管理虽然有其相似性、共同性，但不同层面的管理在具体内容、原则、方法及其权限、职责上却不尽相同。因此，有必要分清管理的层次，有针对性地实施管理。上述文字体现了班组管理的（　）。

A. 目的性　　B. 人本性

C. 普遍性　　D. 层次性

239. 管理是社会发展的永恒主题，创新是管理活动的灵魂。技术创新必然要求管理创新，只有技术创新与管理创新相结合，才能真正推动生产力的发展。上述文字体现了班组管理的（　）。

A. 目的性　　B. 人本性

C. 普遍性　　D. 创新性

240. 常见问题中提到的“由于人员更换产生不良品”表明了（　）。

A. 新员工总是比老员工更容易产生不良品

B. 人员更换是生产过程中不可避免的一部分

C. 人员更换会对产品质量产生影响

D. 只有老员工才能确保产品质量

241. 在班组制度管理中，对于员工提出的改进建议，处理方式恰当的是（　）。

A. 一概不予考虑，维持现有制度

B. 认真倾听，鼓励员工参与改进过程

C. 仅听取而不实际采纳

D. 仅对部分员工提出的建议进行考虑

242. 确定目标后，接下来的工作是（　）。

A. 目标分解　　B. 任务监督

C. 分配任务　　D. 制定进度表

243. 产品或者技术的生命周期主要包括（　）阶段。

A. 四个　　B. 三个

C. 两个　　D. 一个

244. 在现代企业中，班组长是企业纵向结构中基层里的承上启下者、（　）。

A. 班组监督者　　B. 上传下达者

C. 任务下达者　　D. 管理者

245.（　）不是支持过程。

A. 财务与统计　　B. 设备管理

C. 项目管理　　　　　　　　D. 人力资源服务

246. 班组管理就是将（　）和人际关系的协调全部纳入有效管理的一种模式。

A. 人—物系统的变异控制　　B. 设备目视管理

C. 人—机系统变异的控制　　D. 管理目视化

247. 班组计划管理中，通过（　）来激励员工。

A. 给予口头表扬　　　　　　B. 设定明确的目标和奖励机制

C. 不考虑员工需求　　　　　D. 强制员工执行计划

248. 班组目标管理中，通过（　）来确保目标的具体性和可衡量性。

A. 使用模糊的描述　　　　　B. 设定清晰的量化指标

C. 不考虑时间因素　　　　　D. 随意更改目标内容

249. 确保班组计划的可行性依靠（　）。

A. 凭经验判断　　　　　　　B. 深入分析资源和需求

C. 忽略可能的挑战　　　　　D. 只考虑班组长的意见

250. 决定商品价格高低的权限在（　）的手里。

A. 顾客（市场）　　　　　　B. 生产厂家

C. 领导　　　　　　　　　　D. 销售

251. 常见问题中，由于不听取现场作业者的意见或现场意见无法得到反映，可能导致（　）。

A. 生产效率提高

B. 生产成本降低

C. 作业者有负担和不安、不满情绪

D. 班组成员关系更加融洽

252. (　　) 属于产品生产计划的输入。

A. 库存状态信息　　B. 生产计划大纲

C. 产品结构信息　　D. 车间作业计划

253. (　　) 是安全生产直接负责人，对安全生产负直接领导责任。

A. 法定代表人　　B. 生产经营者

C. 分管安全生产的负责人　　D. 班组长

254. 班组长在规章制度管理中的主要任务是 (　　)。

A. 制定所有规章制度

B. 确保班组成员了解并遵守规章制度

C. 监督班组成员的工作进度

D. 处理班组成员之间的纠纷

255. 工作人员在巡视、维护等工作时使用的作业表单要根据 (　　) 进行修编。

A. 领导的安排　　B. 实际的情况

C. 自己的想法　　D. 同事的建议

256. 通过制定 (　　)，可以让人明确方向，避免因走弯路而浪费时间。

A. 计划　　B. 实施步骤

C. 方案　　D. 目标

257. 计划实施后，要检查实施情况、效果和（　）。

A. 存在的问题　　B. 实施进度

C. 意义　　D. 目的

258. 客户关系管理的目标是（　）。

A. 降低企业的成本　　B. 实现企业、客户的双赢

C. 规范企业的流程　　D. 增加企业的收入

259. 在班前会中，（　）能够确保信息的准确传达。

A. 仅由班组长口头传达

B. 使用书面材料辅助传达

C. 忽略部分细节，只传达大致内容

D. 不必确保信息的准确性

260. 销售营业目标包括开拓市场、促销管理、货品管理和规范销售业务等关键要素。下列属于开拓市场的衡量标准的是（　）。

A. 货品管理满意度　　B. 市场份额

C. 产品销售量　　D. 发货速度

261.（　）指的是一个公司的销售额在市场流通的同类产品中所占的比重。

A. 市场占有率　　B. 市场份额

C. 产品销售量　　D. 产品合格率

262. 班组计划调整的主要原因是（　）。

A. 班组长个人喜好改变　　B. 市场需求变动

C. 计划制订错误　　D. 班组成员意见不统一

263. 销售利润目标通常以（　）作为量化目标，可以比较出企业在不同时期的经营管理水平。

A. 销售利润率　　B. 市场占有率

C. 发货速度　　D. 客户满意度

264. 在确立班组工作目标时，要有安全生产的内容，并按“生产无隐患、个人无违章、班组无（　）”的要求，结合班组的具体情况，制订出实现“安全合格班组”标准的具体办法。

A. 违纪　　B. 事件

C. 违规　　D. 事故

265. 在班组计划管理中，管理要点之一是查找（　）。

A. 是否存在设备故障

B. 是否存在安全隐患

C. 是否存在作业者因被物品箱、设备包围而看不见的工序

D. 生产线上是否存在瓶颈

266. 利用数据分析来优化班组计划的方式是（　）。

A. 忽略数据分析

B. 收集并分析数据以指导计划调整

C. 凭直觉作决策

D. 关注历史数据

267. 采购计划的变更类型分为：取消、参数或者指标变更（含补充完善）、（　）变更、物资种类变更。

A. 单价　　B. 数量

C. 总价　　D. 质量

268. 当班组内出现生产问题或矛盾时，应（　）。

A. 隐瞒不报，避免影响班组形象

B. 私下解决，避免公开化

C. 按照班组制度规定的程序进行处理

D. 由班组长个人决策

269. 在班组管理制度中，对于违反规定的员工，会采取（　）的措施。

A. 直接开除　　B. 私下协商

C. 按照制度规定进行处理　　D. 不予理会

270. 在班后会中，通过（　）来处理成员之间的冲突和矛盾。

A. 立即解决，不留后患

B. 私下与双方沟通解决

C. 等待团队领导或班组长处理

D. 忽略该问题，认为它会自行解决

271. 班组计划执行的关键环节是（　）。

A. 监督执行过程　　B. 随意调整计划

C. 忽略员工意见　　D. 仅依赖班组长

272. 班前会和班后会的参与人员应该包括（　）。

A. 仅团队领导或班组长　　B. 所有团队成员

C. 部分表现优秀的成员　　D. 仅新员工

273. 管理目的中提到的“防止由于作业本身难度影响产品质量”意味着（　）。

A. 作业难度与产品质量无关

B. 所有作业都应该保持相同的难度水平

C. 应该采取措施确保作业难度不会对产品质量产生负面影响

D. 产品质量只受作业者技能影响

274. 班组要严格执行安全生产的各项规章制度和安全措施，抓好（　）、互控和联控。

A. 自控　　B. 他控

C. 监控　　D. 抽查

275. 目标管理是由（　）提出来的。

A. 法约尔　　B. 泰勒

C. 彼得・德鲁克　　D. 赫茨伯格

276. 班组计划的主要目的是（　）。

A. 确保工作按时按质完成　　B. 提高班组成员的个人能力

C. 加强班组成员间的沟通　　D. 提升班组整体绩效

277. 任务管理之任务分配的作用中，通过（　）能够帮助对方在工作中快速找准定位，厘清思路，快速进入工作状态。

A. 增强团队合作

B. 提高工作效率

C. 充分利用班组资源如人力、物力、财力等

D. 以上都不是

278. 班组制度管理中，通过（　）来有效激励员工提高工作效率。

A. 增加工作量　　B. 提高薪酬待遇

C. 加强监督检查　　D. 给予精神鼓励

279. 在班组目标管理中，（　）的措施对于防止不良品的产生是无效的。

A. 对设备进行定期维护　　B. 提高员工的操作技能

C. 减少员工休息时间　　D. 实施日常检查并记录

280. 在班组目标管理中，通过（　）来激发团队成员的积极性和创造力。

A. 设定固定不变的目标　　B. 提供必要的培训和支持

C. 限制团队成员的参与　　D. 忽视团队成员的反馈

281. 班组计划管理中，通过（　）来培养员工的责任感和主动性。

A. 强制员工执行　　B. 提供明确的目标和期望

C. 忽视员工个人发展　　D. 仅给予物质奖励

282. 精益管理的实质就是八个大字：（　）。

A. 消除浪费，增加价值　　B. 提升管理，解决问题

C. 加强管理，提高效率

283. 跨文化团队建设的五步骤主要分为团队成员挑选、承认差异团队、建立愿景或超常目标、共享权利和（　）。

A. 实现价值　　B. 提示反馈

C. 提出创意　　D. 享受权利

284. 班组目标管理从（　）上分，有总目标、班组目标和职工目标。

A. 时间层次　　B. 条件层次

C. 内容层次　　D. 管理层次

285.（　）适用于传达要求办理和需要周知或执行的事项，比如发布规章制度，下达指标、任务，部署工作，告知事项，转发公文，召集会议等。

A. 通知　　B. 通报

C. 会议纪要　　D. 公示

286. 在班组目标管理中，有效识别并满足客户需求的方式是（　）。

A. 关注客户提出的明确要求

B. 通过持续改进过程超越客户的期望

C. 忽略客户的个性化需求

D. 仅依靠销售部门与客户沟通

287. 评估班组计划的执行效果（　）。

A. 仅凭班组长判断

B. 通过具体指标和数据进行评估

C. 根据员工满意度

D. 仅关注任务完成情况

288. 班前会的效果（　）。

A. 仅根据班组长的感受来判断

B. 通过员工的工作表现和反馈来评估

C. 不必进行评估，班前会只是形式

D. 仅根据生产进度来判断

289. 在班组目标管理中，为确保每个成员都能清楚自己的职责和目标，应（　）。

A. 仅由班组长负责解释和传达目标

B. 通过正式会议让成员了解目标的重要性和实现方法

C. 假设每个成员都清楚目标，不需要额外解释

D. 仅通过口头传达，不留下任何书面记录

290. 制定目标包括制定企业的总目标、部门目标和个人目标，同时要制定完成目标的（　），以及达到目标的方法和完成这些目标所需要的条件等多方面的内容。

A. 要求　　　　B. 途径

C. 标准　　D. 时间

291. 在班组制度管理中，对于班组内部的团队建设活动正确的是（　）。

A. 团队建设活动仅是一种形式，无须认真参与

B. 团队建设活动应定期举行，增强团队凝聚力

C. 团队建设活动会占用生产时间，应尽量减少

D. 团队建设活动应由班组长个人决定是否需要举行

292. 班前会和班后会的组织方式应该由（　）。

A. 团队成员共同商议　　B. 团队领导或班组长决定

C. 按照公司规定进行　　D. 随机选择一种方式

293. 班组目标管理的主要目标是（　）。

A. 个人目标　　B. 团队目标

C. 部门目标　　D. 公司目标

294. 在设定班组目标时，（　）是不必要的考虑因素。

A. 市场需求　　B. 团队能力

C. 个人意愿　　D. 竞争对手情况

295. 职权不明确，容易出现：（　）、任务延误、工作内容重复等问题。

A. 责任推诿　　B. 拖延工作

C. 缺乏总结　　D. 凝聚力不足

296. 班组目标管理中，通过（　）来有效监控目标的实施进度。

A. 定期召开会议讨论　　B. 完全信任团队成员

C. 不进行干预　　D. 关注最终结果

297. 贯彻企业和车间有关专业管理和生产管理的实施细则，落实经济责任制的实施细则，执行各工种的岗位责任制和安全生产责任制，实行本班组所规定的某些制度，属于班组长的（　）。

A. 指挥和管理本班组的生产经营活动权

B. 完善制度权

C. 员工奖惩建议权

298. 下列不属于综合安全管理制度的是（　）。

A. 应急管理制度　　B. 危险物品使用管理制度

C. 安全奖惩制度　　D. 安全标志管理制度

299. 在确立班组工作目标时，要有安全生产的内容，并按"生产无隐患、个人无（　）、班组无事故"的要求，结合班组的具体情况，制定出实现"安全合格班组"标准的具体办法。

A. 违章　　B. 违纪

C. 事件　　D. 违规

300.（　）不属于项目风险监控的范围。

A. 风险披露　　B. 风险跟踪

C. 风险指标　　D. 风险管理审查会议

301. 在班组制度管理中，对于新入职员工的培训和指导，正确的是（ ）。

A. 新员工应自行摸索，无须特别指导

B. 为新员工安排经验丰富的员工进行一对一指导

C. 新员工只需参加公司统一的培训，班组内无须额外培训

D. 新员工的培训和指导工作由班组长在空闲时完成

302. 小张是一家公司的职员，他的大部分工作是为他人服务，或者在需要的时候做一些应急的事情。那么，有关小张的工作计划，描述最恰当的是（ ）。

A. 他尽可能对有关的或重复性的工作进行计划

B. 无论如何，他的工作都需要做出详细、准确的计划

C. 他没有必要做计划

D. 他的工作无法做计划

303. 生产计划不应考虑的问题是（ ）。

A. 发生故障时是否仍然能够按照交期交付

B. 物料调达是否高效

C. 是否超出了生产成本预算

D. 是否实现了生产负荷均衡化

304. 规范化管理以（ ）为基本原则。

A. 定额管理　　B. 系统化和程序化

C. 权责统一　　D. 程序化和标准化

305. 组织的方针目标应通过层层分解，展开形成部门、车间、班

组和全体员工的奋斗目标，这种自上而下逐级展开，可运用（　）。

A. 矩阵图　　B. 系统图

C. 树图　　D. 鱼刺图

306. 目标分解的主要作用是（　）。

A. 建立班组的目标网络，形成目标体系

B. 显示每个员工的目标信息

C. 检查和控制目标的执行情况和完成情况

D. 检查实施结果及奖惩

307. 班组民主管理要坚持以（　）为途径。

A. 人文关怀　　B. 现场管理能力

C. “争先创优”活动

308. 下列属于设备设施安全管理制度的是（　）。

A. 岗位安全规范　　B. 现场作业安全管理制度

C. 安全操作规程　　D. 安全奖惩制度

309.（　）会制约企业长期发展。

A. 企业人才队伍的综合能力和主观能动性

B. 现金流的大小

C. 产品所处的生命周期阶段

D. 组织结构合理与否

310. 当班内发生质量异常时，班组长首先应该（　）。

A. 自行解决，不告诉其他人

B. 向班组成员寻求帮助

C. 立即停止生产，并向主管报告

D. 忽略它，认为它只是一个偶然事件

311. 项目的“一次性”的含义是指（　）。

A. 项目持续的时间很短

B. 项目有确定的开始和结束时间

C. 项目将在未来一个不确定的时间结束

D. 项目可以在任何时间取消

312. 客户关系管理的过程是（　）。

A. 销售、市场一体化的一个过程

B. 销售、服务一体化的一个过程

C. 市场、服务一体化的一个过程

D. 销售、市场、服务一体化的一个过程

313. 数量指标主要是量化数量要素，下列属于数量指标的是（　）。

A. 生产天数　　B. 销售额

C. 产品满意度　　D. 产品达标率

314. 目标管理的目的是通过目标的激励来调动广大员工的积极性，从而保证实现总目标；其核心就是明确和重视成果的评定，提倡（　）能力的自我提高；其特征就是以“目标”作为各项管理活动的指南，并以实现目标的成果来评定其贡献大小。

A. 团队　B. 小组

C. 个人　D. 班组长

315. 企业真正害怕的是（　）。

A. 做错误的事情　B. 效率低

C. 高效率地做错误的事情

316. 管理的基本职能主要指：计划、组织、领导、（　）。

A. 控制　B. 协调

C. 沟通　D. 指挥

317. 下列属于市场竞争力目标中质量管理能力衡量标准的是（　）。

A. 客户满意度　B. 新产品开发数量

C. 品牌知名度　D. 品牌正面曝光度

318. 班组管理中所提到的安全生产一般不考虑（　）。

A. 人身安全　B. 信息安全

C. 环境安全　D. 设备安全

319. 项目管理的核心任务是（　）。

A. 环境管理　B. 信息管理

C. 目标管理　D. 组织协调

320. 班组管理计划是有层次的，越是基层的计划，涵盖的幅度越小、越具体，即（　）。

A. 战略计划　B. 行动计划

C. 作业计划　　　　D. 以上都是

321. 会议上出现不同意见的争论是好现象，说明与会者抱着负责的态度，也说明会议上的民主气氛较浓。此时的班组长应该（　）。

A. 学会倾听　　　　B. 学会劝说

C. 学会归纳、提炼　　　　D. 以上都是

322. 班组“二长五员”即“党小组长、工会小组长和安全质量管理员、（　）、经济核算员、材料工具管理员、文化宣传员”，分工明确，责任清晰，工作积极主动，关系协调融洽，骨干作用突出。

A. 业务辅导员　　　　B. 学习辅导员

C. 技术业务辅导员　　　　D. 民主监督员

323. 在班组制度管理中，对于班组的纪律要求，说法正确的是（　）。

A. 纪律要求仅用于惩罚违规员工

B. 严格的纪律要求有助于提高班组的工作效率和员工素质

C. 纪律要求过于严格会限制员工的创新和发展

D. 纪律要求无须强调，员工应自觉遵守

324. 班组管理者对待非正式组织的态度应该是（　）。

A. 设法消除　　　　B. 严加管理

C. 善加引导　　　　D. 积极鼓励

325. 下列属于产品更新换代目标中市场调研与分析衡量标准的是（ ）。

A. 产品更新换代成功率　　B. 研发新产品的数量

C. 新产品定位准确率　　D. 新产品价格竞争力

326. 在班前会中（ ），确保每位成员都能了解当天的工作任务。

A. 仅由团队领导或班组长进行说明

B. 要求每个成员复述任务内容

C. 通过电子邮件或工作群发布任务清单

D. 不需要特别说明，成员应该自行理解

327. 为了使目标更容易实现，可以分阶段设立目标，逐步提高指标值、增加目标的难度，这是遵循（ ）。

A. 标杆管理法　　B. 业绩指标分解法

C. 循序渐进法　　D. 灵活性原则

328. 女职工在孕期不能适应原劳动的，用人单位应当根据（ ），予以减轻劳动量或者安排其他能够适应的岗位。

A. 女职工要求　　B. 医疗机构的证明

C. 工会证明　　D. 女职工身体状况

329. 班组长在班中通过（ ）来确认质量保证状况。

A. 每日仅进行一次质量检查

B. 依赖组员自行检查并报告结果

C. 每日至少两次亲自进行质量检查，并确认下一个工序和

本工序的质量状况

D. 仅检查上工序传来的产品

330. 目标管理为每个成员制定了明确的责任和任务，并对完成这些责任和任务规定了时间、数量、质量等具体要求，是（　）的管理方法。

A. 以人为中心

B. 以工作为中心

C. 以人为中心与以工作为中心相统一

D. 以完成任务的方式为中心

331. 下列关于班组长召开班会的说法，不正确的是（　）。

A. 安全工作内容主题明确，针对性强

B. 以人为本，注意沟通技巧，调动工作积极性

C. 察言观色，关注组员情绪、思想状况变化

D. 班组长应在班后会上解决班组成员当班期间遇到的所有问题

332. 班组任务管理、任务分配的原则是：因人而异和（　）。

A. 重要程度　　B. 以事为先

C. 因事而异　　D. 以人为本

333. 分配的目的是根据任务的特点和要求，不同类型实行差异化的任务分配管理，体现了任务分配（　）的原则。

A. 因人而异　　B. 以事为先

C. 因事而异　　　　　　　D. 任人唯亲

334. 任务分配的原则中，体现宁可不做，也不要把事情交给不合适的人来做的是（　）。

A. 因人而异　　　　　　　B. 以事为先

C. 因事而异　　　　　　　D. 任人唯亲

335. 在班组制度中，对于班组长的选拔合理的是（　）。

A. 仅由上级领导决定，无须考虑员工意见

B. 应根据员工的工作表现和领导能力进行选拔

C. 班组长应由工作年限最长的员工担任

D. 班组长应由最年轻的员工担任，以培养新人

336. 班组现场作业管理是产品质量的基础保证，规范班组作业管理，全面提升班组成员以及班组的整体（　），以实现班组的各项（　）。

A. 管理能力，工作目标　　　B. 应急能力，任务能力

C. 作业能力，任务目标　　　D. 作业基础，知识目标

337. 在班组制度管理中，关于应急预案的制定，说法正确的是（　）。

A. 应急预案是固定的，无须定期演练和更新

B. 应急预案仅针对重大事故，普通事故无须关注

C. 应急预案应由班组全体员工共同参与制定和演练

D. 应急预案的制定是班组长和上级领导的责任，员工无须

参与

338. 下列对规则的表述，错误的是（　）。

A. 不可变通，有违必究　B. 应具有一定的变更空间

C. 应保持一定的持续性　D. 规则要求应明确

339. 女职工产假期间的生育津贴，对未参加生育保险的，按照女职工产假前工资的标准由（　）进行支付。

A. 用人单位　B. 用人单位和职工个人共同

C. 职工个人　D. 医疗保险基金

340. 管控作业过程的方法有科学跟踪进展、灵活分配资源、（　）。

A. 优先处理重点问题　B. 优先处理常规问题

C. 优先处理不重要问题　D. 优先处理不紧急问题

341. 下列关于班后会的说法不正确的是（　）。

A. 总结、讲评当天班组工作的执行完成情况

B. 有针对性地表扬好人好事

C. 批评、纠正工作中问题，及时制定整改措施

D. 班后会，有时候就是个形式，走走过场即可

342. 班前会集合时对人员的（　）进行关注。

A. 家庭情况　B. 娱乐项目情况

C. 精神面貌情况　D. 工作情况

343. 成本目标具体包含了成本管理、成本核算和成本分析等关键

因素，下列属于成本管理衡量标准的是（　）。

A. 成本降低率　　B. 预算达成率

C. 成本核算完成及时率　　D. 成本核算完成准确率

344. 班组的中心工作包括精神文明建设，它的核心是（　）。

A. 员工爱国敬业、违法乱纪

B. 员工爱国敬业、诚信伪善

C. 员工闭门造车、爱岗敬业

D. 员工遵章守纪、爱岗敬业

345. 班组计划管理的效果评估主要依据是（　）。

A. 班组长的感觉　　B. 员工的反馈

C. 生产数据　　D. 市场反馈

346. 班组计划管理中最应重视的因素是（　）。

A. 班组长的个人能力

B. 员工的工作表现

C. 计划的可行性和执行效果

D. 班组的硬件设施

347. 班组目标管理中，常见的导致不良品产生的原因是（　）。

A. 设备更新不及时

B. 员工沟通能力不足

C. 设备、装置、治具故障等

D. 生产计划安排不合理

348. 在班组制度管理中，对于员工的请假制度说法正确的是（ ）。

A. 员工可以随意请假，无须任何手续

B. 员工请假需提前向班组长申请，并经批准

C. 只有在紧急情况下，员工才需要请假

D. 员工的请假时间由自己决定，无须告知班组长

349. 监督者在观察作业时，主要应确认的是（ ）。

A. 员工是否按时到达工作岗位

B. 员工是否按照标准作业规定进行检查

C. 员工之间的沟通是否顺畅

D. 员工的工作服是否整洁

350. 在班组制度管理中，关于员工行为规范的制定，说法正确的是（ ）。

A. 员工行为规范仅针对新员工，老员工无须遵守

B. 员工行为规范应明确、具体，并全员遵守

C. 员工行为规范可根据个人习惯随意调整

D. 员工行为规范仅用于惩罚违规员工，无须强调遵守

351. 在班组制度管理中，关于设备维护和保养的规定正确的是（ ）。

A. 设备维护和保养是班组长的责任，与员工无关

B. 员工应按规定进行设备日常维护和保养

C. 设备维护和保养应由专业维修人员负责，员工无须参与

D. 设备维护和保养的频率可以根据生产情况随意调整

352. 在班组制度管理中，对于班组内的环境卫生管理，下列正确的是（ ）。

A. 环境卫生仅由清洁工负责，员工无须参与

B. 员工应共同维护班组内的环境卫生，保持整洁

C. 环境卫生管理不影响生产，无须过多关注

D. 环境卫生管理仅在特定时期进行，如迎接检查

353. 在班组制度管理中，对于班组内的质量控制说法正确的是（ ）。

A. 仅由质检人员负责，与员工无关

B. 员工应积极参与质量控制，确保产品质量

C. 质量控制仅在生产完成后进行，无须过程监控

D. 质量控制的标准可以根据实际情况随意调整

354. 作业计划不包括（ ）。

A. 年计划　　B. 月计划

C. 周计划　　D. 时计划

355. 在班前会中，通过（ ）来确保会议高效进行。

A. 严格控制会议时间，避免冗长发言

B. 允许成员自由发言，不进行时间控制

C. 仅由团队领导或班组长发言

D. 成员积极发言

356. 班组制度管理中，对于员工提出的合理建议，班组长应（ ）。

A. 一律驳回　B. 仔细考虑，合理采纳

C. 直接上报给上级领导　D. 不予理睬

357. 合理调整非计划工作是要加强流程审核把关，（ ）非计划工作安排。

A. 减少　B. 增加

C. 保持不变　D. 以上都不是

358. 在管理要点中，“要使用硬件对策”是指（ ）。

A. 用更先进的设备替换现有的设备

B. 增加更多的作业人员以提高熟练度

C. 通过技术或工程手段来减少对人为操作的依赖

D. 忽略作业者的技能和经验，只依赖机器和设备

359. 班组目标管理中，设置防错装置的主要目的是（ ）。

A. 提高生产效率

B. 增加设备维护成本

C. 使作业者明确防错装置的必要性并掌握其使用方法

D. 增加设备投资

360. 班组制度中规定的交接班制度，其主要目的是（ ）。

A. 确保工作无缝衔接　B. 增加员工交流机会

C. 随意安排员工工作时间　D. 减少员工休息时间

361. 班组制度管理的主要目的是（ ）。

A. 提高工作效率　　B. 增加员工收入

C. 规范员工行为　　D. 减少成本开支

362. 改善方法中提到“及时制定改善措施”的目的是（　）。

A. 提高作业者的士气和工作满意度

B. 增加作业难度以提高产品质量

C. 快速解决影响生产效率和产品质量的问题，防止问题恶化

D. 减少作业者的数量以降低生产成本

363. 监督者在班内会议上传达质量状况的主要目的是（　）。

A. 让班组成员了解生产进度

B. 增强班组成员的质量意识

C. 讨论班组成员的个人问题

D. 表扬表现优秀的班组成员

364. 班组目标管理的优点不包括（　）。

A. 提高工作效率　　B. 增强团队凝聚力

C. 增加员工工作压力　　D. 促进组织发展

365. 企业内部流程应该围绕（　）来设计。

A. 目标　　B. 战略

C. 业务　　D. 部门

366. 下面关于战略的认识更准确的是（　）。

A. 战略为企业提供发展方向

B. 战略为企业提供发展途径

C. 战略为企业提供发展方向和途径

367. 班组成员编制了个人培训需求资料，班组长进行汇总形成班组的年度培训计划，部门汇总各班组的年度培训计划形成部门的年度培训计划，这种计划分解的方法是（　）。

A. 倒推法计划分解法　　B. 正推法计划分解法

C. WBS 法　　D. 指令式分解法

368. 班组的中心工作包括了物质文明建设，它的核心是提高（　）效益。

A. 经济　　B. 政治

C. 文化　　D. 社会

369. 班组的中心工作包括（　）文明建设和（　）文明建设。

A. 物质，生态　　B. 政治，生态

C. 物质，精神　　D. 政治，精神

370. 有了周全的计划后，现场管理者就必须使现场作业人员能遵照计划实施，这是 PDCA 循环的（　）阶段。

A. 计划　　B. 执行

C. 检查　　D. 行动

371. “贯彻企业战略意图，完成预定目标的操作能力，是把企业战略、规划转化为效益、成果的关键。”这指的是班组长的（　）能力。

A. 沟通协调　　B. 执行

C. 班组建设　　D. 领导激励

372. 在班组计划管理中，班组长是（　）。

A. 决策者　　B. 执行者

C. 监督者　　D. 协调者

373. 班组管理既包括对事的管理，也包括对人的管理，这是班组管理（　）特点的体现。

A. 群众性　　B. 直接性

C. 具体性　　D. 多元性

374. 管理者与被管理者在班组管理过程中经常转换角色，尤其是班组长管理角色的转换，是班组管理（　）特点的典型特征。

A. 群众性　　B. 直接性

C. 具体性　　D. 多元性

375. 班组长要做好基层班组管理工作，或者要胜任班组长职务，不辱使命，必须具备（　）、组织管理、专业技术和文化知识等方面的基本素质。

A. 家庭美德　　B. 职业道德

C. 社会公德　　D. 个人品德

376. 在班组计划管理中，长期目标与短期目标的关系是（　）。

A. 只关注长期目标　　B. 只关注短期目标

C. 根据实际情况灵活调整　　D. 随意选择目标

377. 班组管理的内容涉及生产经营管理、(　　)、生活福利设施等各个方面。

A. 思想政治工作　　B. 指导思想

C. 作用发挥　　D. 经营理念

378. (　　) 最好地表达了物料清单在运行物料需求计划系统过程中的作用。

A. 提供从毛需求到净需求的计算基础

B. 指导物料需求展开的过程

C. 指导产品开发

D. 提供批量信息

379. (　　) 是班组生产作业计划最突出的特点。

A. 可操作性　　B. 指导性

C. 连续性　　D. 协调性

380. 按约束力划分，国家标准、行业标准可分为强制性标准、推荐性标准和 (　　)。

A. 厂矿标准　　B. 指导性技术文件

C. 工作标准　　D. 使用标准

381. 在班组制度管理中，对于员工绩效的评估，做法正确的是 (　　)。

A. 仅由班组长根据个人喜好进行评估

B. 制定明确的评估标准，公正、客观地评价员工绩效

C. 绩效评估仅针对关键岗位员工，其他员工无须参与

D. 绩效评估仅用于奖惩，无须与员工沟通反馈

382. 下列选项中，（　）不属于项目负责人的权力。

A. 挑选项目团队成员

B. 制定项目有关的决策

C. 对项目团队的资源进行分配

D. 决定项目的预算

383. 在管理活动中，法律的方法具有严肃性、规范性和（　）的特点。

A. 时效性　　B. 制约性

C. 强制性　　D. 权威性

384. 通过不断的异常处置活动，提高生产效率，提升（　），为公司创造更多利润。

A. 管埋能力　　B. 质量

C. 成本　　D. 管理水平

385. 班组（　）制度主要包括政治学习、思想状态分析等。

A. 民主管理工作　　B. 质量管理工作

C. 思想政治工作　　D. 现场管理工作

386. 从整个项目的角度进行控制的计划是项目（　）。

A. 风险计划　　B. 质量计划

C. 综合计划　　D. 进度计划

387. 经风险评估得出更换变压器作业风险值为 75，该项作业为（　）。

A. 高风险作业　　B. 中风险作业

C. 低风险作业　　D. 可接受风险作业

388. 关于管理者应具备的管理技能，不正确的是（　）。

A. 管理者需要具备三种技能：技术技能、人际技能、概念技能

B. 中高层管理者应重点培养自己的人际技能和概念技能

C. 概念技能就是运用抽象思维与组织内外的人打交道的能力

D. 基层管理者需要具备较高的技术技能和人际技能

389. 班组计划管理有完整的层次体系，按照时间可划分为（　）。

A. 短期计划　　B. 中期计划

C. 长期计划　　D. 以上都是

390.（　）不是班组目标管理的特点。

A. 强调员工参与　　B. 重视过程控制

C. 忽略员工个体差异　　D. 关注结果导向

391. 班组制度建设存在的问题是（　）。

A. 有制度，难操作　　B. 重业务，轻管理

C. 重考核，轻激励　　D. 以上都是

392. 随着项目生命周期的进展，资源的投入（ ）。

A. 逐渐变大　　B. 逐渐变小

C. 先变大再变小　　D. 先变小再变大

393. 班组长培训新入职人员重点从思想意识、（ ）和岗位技能入手。

A. 文化科学　　B. 专业理论

C. 安全规章制度　　D. 管理方法

394. 目标管理制度强调组织成员参与目标制定，通过（ ）实现目标。

A. 外部领导　　B. 自我控制

C. 内部协调　　D. 利益约束

395. 在塑造班组愿景时，一定要（ ），先形成个人愿景后，再与人的需求层次理论与班组实际情况相结合，并在此基础上将班组成员的职业生涯设计有机整合起来，从而形成班组的团队愿景。

A. 自上而下　　B. 自下而上

C. 取长补短　　D. 前后一致

396. 班组计划制订中，通过（ ）来平衡各方需求。

A. 考虑班组长意见　　B. 综合各方面意见和需求

C. 满足部分员工需求　　D. 忽略员工需求

397. 班后会的主要目的是（ ）。

A. 讨论未完成的工作　　B. 总结当天的工作成果和经验

C. 安排明天的工作任务　　D. 评估团队成员的表现

398. 当班组目标实现后，（　）的做法是不合适的。

A. 对团队成员进行表彰和奖励

B. 总结经验教训并持续改进

C. 立即设定新的更高目标

D. 忽视团队成员的疲劳和压力

399. 企业的发展依赖于正确的经营方针和目标，作为企业生产经营活动中最基层的组织，班组要落实企业的思想政治工作、生产经营、文化生活等各项工作，为有效地进行班组管理，（　）首先要掌握目标管理的重要内容。

A. 班组长　　B. 总经理

C. 厂长　　D. 员工

400. 为了保证目标及为此而制订的计划得以实现，就需要有（　）职能。

A. 计划　　B. 组织

C. 领导　　D. 控制

401. 在管理的基本职能中，居于首位的是（　）。

A. 计划　　B. 组织

C. 领导　　D. 控制

402. “应该做好同上级、平级、下级的沟通，以及内外部关系和矛盾的处理”，指的是班组长的（ ）管理职能。

A. 计划　　B. 组织

C. 协调　　D. 控制

403. 以下关于组织的说法中，不正确的是（ ）。

A. 组织必须由两个或两个以上的人组成

B. 组织必须有一定的行为准则

C. 组织必须有既定的目标

D. 任意一个群体都可称为一个组织

404. 班组管理者是企业基层的管理者，是班组生产目标和班组计划的（ ）者。

A. 制订　　B. 组织实施

C. 监督　　D. 以上都是

405. 重复多次购买公司产品或服务并积极向他人推荐的顾客属于组织的（ ）。

A. 直接顾客　　B. 最终顾客

C. 忠诚顾客　　D. 消费者

406. 班组（ ）制度主要包括作业标准、现场作业控制办法、管理标准等。

A. 现场管理　　B. 作业管理

C. 标准管理　　D. 生产管理

407.（ ）是指班组长服从车间指挥，员工听从班组长调配，生产作业计划和调度指令一经下达，任何人无权讨价还价，挑肥拣瘦。

A. 组织纪律　　B. 作业纪律

C. 工作纪律　　D. 时间纪律

408. (　　) 是指从工作态度、敬业精神、职业规范方面，引导出满勤、干满点，不迟到早退，当班不串岗脱岗，不窝工怠工，不妨碍他人工作，不干私活等。

A. 组织纪律　　B. 作业纪律

C. 工作纪律　　D. 时间纪律

409. 作业过程管理包括 4 部分：作业准备、(　　)、作业实施、作业结束。

A. 作业开始　　B. 作业许可

C. 作业交代　　D. 作业延期

410. 下列说法正确的是 (　　)。

A. 作业者的熟练度越高，其生产效率越高

B. 作业者的熟练度可以确保产品质量始终如一

C. 过度依赖作业者的熟练度可能导致质量不稳定

D. 作业者的熟练度是评估他们工作表现的唯一标准

411. 在管理要点中，提到“感到有负担的作业”“觉得不安的作业”和“带有不满的作业”，这些描述指的是 (　　)。

A. 作业者的个人情绪和感受不重要

B. 作业者应该对所有作业都保持积极态度

C. 作业设计应该考虑作业者的心理和情绪状态，以避免对产品质量产生负面影响

D. 作业难度是唯一影响产品质量的因素

412. 企业不必向（　）提供财务信息。

A. 公众　　B. 投资者

C. 税务部门　　D. 债权人

413. 企业价值创造的基本活动是指生产经营的实质性活动，（　）属于这类活动。

A. 采购管理　　B. 技术开发

C. 人力资源管理　　D. 生产加工

414.（　）是我国标准体系中的主体。

A. 国家标准　　B. 行业标准

C. 地方标准　　D. 企业标准

# 多项选择题

1. 3U-memo 法中的“3U”是指（　）。

A. Unreasonableness（不合理）

B. Unevenness（不均衡）

C. Uselessness（浪费和无效）

D. Unsafe（不安全）

2. 5W1H 的内容包括（　）。

A. What　　B.When

C. How　　D. Where

3. 班组的中心工作包括精神文明建设，它的核心是员工（　）。

A. 遵章守纪　　B. 违法乱纪

C. 诚信伪善　　D. 爱岗敬业

4. 班组管理标准化制度体系建设包含的内容有（　）。

A. 战略管理　　B. 绩效管理

C. 培训管理　　D. 安全管理

E. 生产管理

5. 班组规范化管理中的“五按”是（　）。

A. 按程序、按路线　　B. 按时间、按标准

C. 按指令操作　　D. 按当时的心情与管理对象

6. 下列关于班后会的说法正确的是（　）。

A. 总结、讲评当天班组工作的执行、完成情况

B. 有针对性地表扬好人好事

C. 批评、纠正工作中的问题，及时制定整改措施

D. 班前会的重要性远远大于班后会

7. 关于班组计划管理的说法，正确的是（　）。

A. 班组计划管理不仅要围绕企业管理目标，还要结合部门工作重点和班组具体任务

B. 班组计划管理包括制订班组年度、月度以及周工作计划

C. 班组计划管理要扎实组织落实和检查考核，形成闭环管理

D. 班组计划与企业发展目标关系不大，应侧重班组具体任务制定

8. 下列关于班组长班会的说法，正确的是（　）。

A. 安全工作内容主题明确，针对性强

B. 以人为本，注意沟通技巧，调动工作积极性

C. 察言观色，关注组员情绪、思想状况变化

D. 班组长应在班后会上解决班组成员当班期间遇到的所有问题

9. 班组制度的作用主要体现在（　）。

A. 班组制度是班组赖以存在的体制基础

B. 班组制度是班组及其成员的行为准则

C. 班组制度是班组高效运作的活力之源

D. 班组制度是班组有序化运作的基本保障

10. 组织管理的四个命题的内涵在当下发生了根本性的变化，主要表现在（　）。

A. 个人目标和组织目标之间如果不能协同共生，组织就会遇到挑战甚至冲击

B. 个人在新技术的帮助下变成“强个体”

C. 环境是不确定的、动态的，组织无法处在“稳态”中

D. 变化本身对组织绩效的影响有时会超越组织本身，因此组织需要动态适应变化

11. 制定规章制度应注意（　）。

A. 不草率从事　　B. 不抵触法规

C. 不自相矛盾　　D. 不违背常理

E. 切合实际　　F. 不形同虚设

12. 目标分解的方法是（　）。

A. 剥洋葱法　　B. 多权树法

C. 结合岗位职责　　D. 不需要结合岗位职责

13. 属于生产班组工作职责的是（　）。

A. 物料管理　　B. 外协质量检验

C. 生产管理　　D. 采购成本的控制

14. 生产班组各部门工作职责包括（　）。

A. 生产管理　　B. 技术工程

C. 品质管理　　D. 产品开发

15. 差异化战略的差异化来源包括（　）。

A. 市场形象　　B. 品牌吸引力

C. 产品价格　　D. 产品外观特征

16. 目标管理要落在实处，就要将目标指标细化到具体的（　）。

A. 项目　　B. 小组

C. 个人　　D. 产品型号

17. 班组进行目标管理的前提是要准确理解企业的目标，在对企业和车间目标充分分析和评估的情况下，为保证大目标的完成而设立班组目标。每项目标中还应包括一些子目标，如（　）。

A. 数量因素目标　　B. 质量因素目标

C. 时限因素目标　　D. 成本因素目标

18. 目标管理的阶段可划分为（　）。

A. 目标设定　　B. 目标实现的可能性分析

C. 目标达成过程　　D. 成果评价

19. 班组群体有（　）等重要特征。

A. 成员相互依赖　　B. 成员行为相互作用

C. 成员彼此间有共同的目标　　D. 成员间有不同的需求

20. PDCA 循环方法的 P、D、C、A 代表（　）。

A. 计划　　B. 实施

C. 检查　　D. 处理

E. 分析

21. 基建施工十个规定动作中的“三宝”是（　）。

A. 戴安全帽　　　　　　B. 穿工作服

C. 系安全带　　　　　　D. 穿绝缘鞋

22. 下列关于班组建设的说法，正确的是（　　）。

A. 创新理念，学习借鉴先进管理思想和技术，顺应班组建设时代要求

B. 提升素质，畅通职业发展通道，构建班组职工成长平台

C. 要激发活力，尊重班组员工首创精神，挖掘班组自主管理潜能

D. 传承精神，建设优秀班组文化，打造和谐敬业班组团队

23. 班组长召开班前会的目的是（　　）。

A. 营造积极的工作氛围　　B. 培训指导班组员工

C. 妥善安排工作　　　　　D. 传递公司信息

24. 班组层面上派生计划制订应该（　　）。

A. 周密　　　　　　　　B. 细致

C. 具体　　　　　　　　D. 粗略

25. 班前会对于提升团队凝聚力的重要性体现在（　　）。

A. 加强员工间的沟通与协作

B. 提高员工对工作的认同感和归属感

C. 增加员工的工作压力

D. 促进信息的共享和传递

26. 在班组管理职能中，计划就是要解决（　　）。

A. 干什么事　B. 由哪些人干

C. 需要准备什么资源　D. 达到什么标准

27. 下列关于班组点检准备的要求，正确的是（　）。

A. 定点和定项　B. 定标和定周期

C. 定法和定人　D. 定表单和定记录

28. 目标考核的主要内容包括（　）。

A. 评价目标实现程度　B. 评价目标进展的情况

C. 评价实施手段的优劣　D. 对工作态度的考评

29. 分析阶段的主要任务有（　）。

A. 寻找产生缺陷的可能原因

B. 确定产生缺陷的关键原因及其影响

C. 制订控制计划

D. 对关键原因进行验证

30. 一个完美的班组会结束语至少应该做到（　）。

A. 归纳和总结会议的主要议程

B. 重复会议的主题和主要的会议内容

C. 确认大家对会议上讨论的问题是否还有疑问

D. 对需要马上办理的工作任务进行强调，并点名到责任人，以提醒他完成

31. 班组管理具有（　）特点。

A. 群众性　B. 直接性

C. 具体性　　D. 多元性

32. 企业环境从内容上涉及（　）。

A. 科技　　B. 经济

C. 政治　　D. 法律

33. 在企业中，管理从纵向结构上划分为（　）等层次。

A. 经营　　B. 管理

C. 执行　　D. 方向

34. 下列属于综合安全管理制度的是（　）。

A. 安全生产责任制　　B. 重大危险源管理制度

C. 消防安全管理制度　　D. 防灾减灾管理制度

35. 战略目标制定的过程是（　）。

A. 三看　　B. 共论

C. 定标　　D. 分解

E. 认领

36. 企业在变革过程中，必须（　）。

A. 等待时刻，静观其变

B. 扩展自己的核心竞争力

C. 跟着政府的政策走

D. 分析企业的外部因素，抓住机遇

37. 注重班组长（　），加强班组长之间的学习和交流，不断提高班组长的工作能力和综合素质。

A. 岗前培训　　　B. 在职培训

C. 中期培训　　　D. 岗后培训

38. 班组管理规章制度的重点是岗位责任制。岗位责任制是按照生产工艺、工作场所、设备状态和工作量的情况，科学合理地划分岗位，明确每个岗位的任务、责任和要求，实现定岗、定员、定责的工作制度。它主要包括（　）。

A. 交接班制度　　　B. 生产建账制度

C. 质量负责制度　　　D. 岗位练兵制度

E. 安全文明生产制度　　　F. 经济责任制度

39. 现代企业对员工的管理主要包括（　）。

A. 员工心理健康　　　B. 职业生涯发展

C. 员工生活　　　D. 各项制度政策的建设及实施

40. 在工作中，目标制定的方式是（　）。

A. 自己根据上一级目标进行分解认领，制定目标

B. 自己依据工作能力制定目标

C. 领导制定目标直接分配给下一级目标

D. 跟上级领导沟通达成共识

41. 规范化就是要在公司系统建立统一的（　）体系；建立统一规范的生产管理组织机构，规范生产管理的人员配置及素质要求；形成统一规范的业务流程管理和现场作业管理。

A. 管理标准　　　B. 技术标准

C. 行业标准　　D. 工作标准

42. 班组现场管理实现了规范化，就会降低（　），减少（　），提高工作效率，提高管理水平。

A. 管理难度　　B. 安全风险

C. 财产损失　　D. 工作的盲目性

43. 目标管理中，需要上下级共同完成的有（　）。

A. 共同制订计划　　B. 共同反馈

C. 共同控制　　D. 共同执行

44. 安全行为观察工作计划包括（　）。

A. 参与安全行为观察的成员

B. 被观察的区域及重点观察的人员

C. 观察时间及频次安排

D. 沟通、记录、报告及反馈的要求

45. 现场管理三大工具包括（　）。

A. 标准化　　B. 目视管理

C. 可视化管理　　D. 管理看板

E. 环境管理

46. 管理包含的含义有（　）。

A. 管理的主要目的是实现组织目标

B. 管理是在一定的环境中进行的

C. 管理的对象是组织可支配的资源

D. 管理通过各种职能体现出来

47. 属于企业总体战略的是（　）。

A. 资本运营战略　　B. 产业成长战略

C. 盈利模式战略　　D. 核心能力战略

E. 一体化战略

48. 班组长的管理职能主要包括计划、（　）和监督等。

A. 组织　　B. 协调

C. 控制　　D. 互控

49. 安全生产规章制度的种类有（　）。

A. 综合安全管理制度　　B. 人员安全管理制度

C. 设备设施安全管理制度　　D. 环境安全管理制度

50. 班组是企业安全生产、文明生产的前沿阵地，对搞好（　）、优质服务和职工劳动保护起着保障作用。

A. 安全生产　　B. 经营管理

C. 成本控制　　D. 环境保护

51. 班组绩效考核的目标分解成生产进度目标、质量目标、产量目标、安全管理目标、（　）。

A. 成本控制目标　　B. 设备管理与维护目标

C. 改革与创新目标　　D. 环境保护目标

52. 企业的基础管理是为了实现组织目标和管理职能而提供的（　）等工作与活动的总称。

A. 管理规则　　B. 运行标准

C. 原始资料　　D. 基本手段

53. 对基础管理，下列说法正确的是（　）。

A. 基础管理一般处于整个企业管理组织体系的基层

B. 基础管理工作必须以标准化、规范化、制度化为前提

C. 基础管理包括信息工作、标准化工作、规章制度制定、定额工作、计量和检测工作、教育培训等六个方面的内容

D. 基础管理等同于管理基础

54. 任务管理之任务分配的原则中，针对能力强、责任心弱的人员，对其可以采取的措施有（　）。

A. 过程中减少干预　　B. 激励要清楚、简单

C. 过度关注　　D. 激化矛盾

55.（　）是企业可选择竞争战略。

A. 差异化战略　　B. 成本领先

C. 战略联盟　　D. 集中化战略

56. 非计划工作来自（　）。

A. 班组自定　　B. 上级下达

C. 平级请求　　D. 计划工作落下的

57. 按照波特教授的研究成果，竞争战略可分为（　）。

A. 成本领先战略　　B. 产品差异性战略

C. 聚焦战略　　D. 计划战略

58. 根据组织目标分解的原则，班组管理者在应用中应该（　）。

A. 在组织目标分解的过程中坚持上下结合的原则

B. 坚持分解目标与组织目标的一致性

C. 坚持纵向与横向分解到位

D. 坚持做好分解后的协调工作

59. 班组目标管理的基本步骤为（　）。

A. 制定班组目标　　B. 分解目标

C. 执行目标　　D. 检查实施结果及奖惩

60. 规章制度的设计、制定、实施和修订过程中坚持（　）。

A. 合法性原则　　B. 民主性原则

C. 可操作性原则　　D. 简单性原则

E. 正激励原则　　F. 严肃性原则

61. 制订完整的生产计划，必须依据一定的条件，包括（　）。

A. 物料状况　　B. 生产能力

C. 人员状况　　D. 交货期

62. 下列说法属于班前会内容的是（　）。

A. 布置任务和班组成员工作安排

B. 班组长向组员转达上级有关指示

C. 提出特殊或重要岗位的注意事项

D. 结合具体任务、设备、作业环境情况布置安全工作

63. 常见的计划管理图有（　）。

A. 横道图　　B. 负荷图

C. 里程碑图　　D. 进度图

64. 编制生产计划的主要步骤包括（　）。

A. 开展调查，收集信息

B. 制订计划草案，进行综合平衡

C. 确定生产计划指标

D. 进行有效性评估，最后确定生产指标

65. 班组的中心工作包括（　）。

A. 政治文明建设　　B. 物质文明建设

C. 生态文明建设　　D. 精神文明建设

66. 加强企业基础管理的主要抓手是（　）。

A. TPM 工作　　B. 精细化管理

C. 合理化建议　　D. 精益化生产

67. 市场趋势分析要从（　）方面来进行。

A. 需求变化　　B. 消费偏好

C. 市场规则分析　　D. 竞争对手分析

E. 目标客户分析

68. 企业战略构成要素有（　）。

A. 经营范围　　B. 协同效应

C. 宗旨和目标　　D. 竞争优势

E. 资源配置

69. 科学跟踪进度的方法有（ ）。

A. 确定标准或目标　　B. 衡量实际进展

C. 分析偏差原因　　D. 纠正整改

70. 决策机制包括（ ）。

A. 决策主体的确立　　B. 决策理论

C. 决策组织　　D. 决策方式

E. 决策权划分

71. 班组民主管理是企业民主管理的重要基础。要进一步加强班组民主管理的制度建设，在继续坚持和完善“两长”（班组长、工会小组长）和“工管员”制度、班委会制度、班组民主生活会制度、班务公开制度等行之有效的制度的同时，积极探索班组民主管理的新途径和新形式，使班组民主管理工作不断适应企业发展的要求，保障职工的（ ）。

A. 知情权　　B. 参与权

C. 监督权　　D. 决定权

72. 科学筹划要解决（ ）问题。

A. 目标　　B. 执行

C. 控制　　D. 考核

E. 评价　　F. 奖惩

73. 凡发生（ ）的，一律按旷工处理。

A. 假病假　　B. 假考勤

C. 假事假　　D. 考勤漏报

74. 班组生产任务组织应该（　）。

A. 程序化　　B. 规范化

C. 标准化　　D. 科学化

75. SMART 原则指的是目标具有（　）、关联性及时限性。

A. 具体性　　B. 可度量性

C. 有效性　　D. 可实现性

76. 班组建设的目标可以分解为（　）。

A. 生产进度目标

B. 产量目标

C. 质量目标

D. 劳动安全与生产安全管理目标

77. 现场管理的基本内容主要包括安全管理、民主管理、（　）、思想政治工作和经济核算等。

A. 纪律管理　　B. 生产管理

C. 设备管理　　D. 劳动管理

78. 头脑风暴法遵循的原则有（　）。

A. 自由畅想　　B. 避免批评

C. 多多益善　　D. 领导带头

E. 互相融合

79. 专题会议纪要的内容包括（　）。

A. 会议经讨论做出的决定　　B. 会议目的

C. 主要议程　　D. 领导人活动内容

80. 班组长要充分认识领导与管理是不同的概念，主要体现在（　）。

A. 领导是管理过程中最高层次的活动

B. 管理属于领导活动的范畴

C. 管理是维持组织正常的规则与制度

D. 领导是引导组织方向调整与机制变革

81. 现场物品整理过程中，属于必需品的是（　）。

A. 各种指示装置、标示、记录单

B. 全部更换，不再使用但是完好的灯具

C. 多余的原材料

D. 马上或者近期要使用的原材料

82. 下列关于根因分析的说法正确的是（　）。

A. 根因分析要有系统性的思维

B. 大胆假设，小心求证

C. 深入分析数据背后的原因，挖掘出真正的问题

D. 盲目猜测问题原因

83. 班组目标管理的特点有（　）。

A. 目的性　　B. 整体性

C. 挑战性　　D. 民主性

84. 目标制定的原则有（　）和目标必须具有明确的截止期限注重完成绩效指标的特定期限。

A. 目标必须是具体明确的

B. 目标必须是可以衡量的

C. 目标必须是可以达成的

D. 目标必须和其他目标具有相关性

85. 在班组目标管理中，常见的问题有（　）。

A. 对目标管理认识不到位

B. 目标设置的困难

C. 短期目标与长期目标的冲突

D. 目标管理不能覆盖所有工作

86. 以下关于目标管理的说法，正确的是（　）。

A. 目标管理强调团队合作

B. 目标管理强调职员参与

C. 目标管理注重系统方法

D. 目标管理强调目标的鼓舞作用

87. 关于目标管理，说法不正确的是（　）。

A. 目标管理强调团队合作

B. 目标管理忽视员工参与

C. 目标管理注重系统方法

D. 目标管理弱化目标的激励作用

88. 成功实施成本领先与差异化整合战略的条件是（　）。

A. 灵活生产系统　　B. 企业范围的信息网络

C. 全面质量管理系统　　D. 目标市场足够大

89. 目标管理的激励功能有（　）。

A. 目标制定　　B. 自我控制

C. 责任意识　　D. 目标引导

90. 班组长在班组会上指导员工技能时，要做到（　）。

A. 多强调要点

B. 讲给员工听、写给员工读、做给员工看

C. 边讲解边示范

D. 耐心讲解，避免责备或不耐烦

91. 平衡计分卡（BSC）的目标和指标来源于企业的愿景和战略，这些目标和指标从四个维度来考察企业的业绩。四个维度包括（　）。

A. 财务　　B. 客户

C. 供应商　　D. 内部流程

E. 学习与成长

92. 班组目标管理从内容上分，有（　）、团队建设目标等。

A. 进度目标　　B. 安全目标

C. 质量目标　　D. 培训目标

93. 班前会不仅是仪式，它更有实实在在的目的和内容，班前会

的目的在于（ ）。

A. 抖擞精神，调整精神状态

B. 沟通信息

C. 提高员工素质

D. 培养良好习惯，使班组更具凝聚力

94. 获得成本优势的方式包括（ ）。

A. 规模效应 B. 经验效应

C. 设计优势 D. 品牌优势

95. 班组长理解企业的战略定位，应从（ ）三个方面把握。

A. 企业的战略计划是谁制定的

B. 企业的远景和使命陈述如何

C. 企业的战略环境怎样

D. 企业的战略是如何选择的

96. 必要的时候班组长在开会时应向员工传递企业的相关信息，包括（ ）。

A. 市场的行业动态 B. 客户的要求

C. 企业重要决策和决定 D. 企业经营情况和发展方向

97. 企业管理方法有硬管理和软管理之分，其中属于硬管理的有（ ）。

A. 规章制度 B. 管理流程

C. 组织机构 D. 企业文化

98. 生产计划通过平衡初步拟定后，必须评估其有效性，评估的主要依据有（　）。

A. 项目最少化　　B. 具体化

C. 弹性　　D. 全面性

99.（　）是落实班组制度和班组公约的重要方式。

A. 制度透明化　　B. 标准透明化

C. 敬畏制度　　D. 全员讨论

100. 班组计划执行中常见问题有（　）。

A. 资源不足　　B. 计划过于理想化

C. 员工参与度低　　D. 缺乏有效沟通

101. 工伤保险制度的基本原则包括（　）。

A. 无责任补偿原则和风险分担、互助互济原则

B. 个人不缴费原则和区别因工与非因工原则

C. 集中管理原则和一次性补偿与长期补偿相结合原则

D. 确定伤残和职业病等级原则和补偿与预防、康复相结合原则

102. 建立班组共同愿景分为（　）阶段。

A. 告知　　B. 推销

C. 测试　　D. 认识

E. 共同创造

103. 在目标管理的实际工作中，可以运用“生产进度报表”“生

产日报”等工作报表，按照（ ）等不同的角度对目标指标值进行动态把握和分析，以发现问题所在。

A. 小组 B. 个人

C. 产品型号 D. 设备

104. 班组设备管理制度的主要内容为（ ）、设备签定、设备隐患处理、记名式检修等。

A. 设备管理 B. 设备维修

C. 设备保养 D. 设备登记

105. 企业竞争环境从地域上看包括（ ）。

A. 国内环境 B. 国家环境

C. 国外环境 D. 社会环境

106. 班组建设管理的内容包括（ ）。

A. 安全管理 B. 绿化管理

C. 人员管理 D. 生产管理

E. 隐患排查管理

107. 确定生产计划指标、进行综合平衡的主要内容包括（ ）。

A. 生产任务与劳动力之间的平衡

B. 生产任务与物料供应之间的平衡

C. 生产任务与生产技术准备的平衡

D. 生产任务与资金之间的平衡

108. 班组长开会时要掌握的技巧和说话艺术有（ ）。

A. 看人讲话，有针对性　　B. 目的明确，突出中心

C. 认清角色，纵横有别　　D. 实事求是，言而有信

109. 阿米巴经营的三个目的（　）。

A. 短期利润最大化

B. 确定与市场挂钩的部门核算制度

C. 培养具有经营意识的人才

D. 实现全体员工共同参与经营

110. 企业战略设计的基石是（　）。

A. 使命愿景　　B. 资源能力

C. 竞争结构　　D. 市场趋势

E. 行业环境、优势短板

111. 班组是在劳动分工的基础上，把生产过程中相互协同的（　）工种、（　）工种或（　）工种的人组织在一起，从事生产活动的一种组织。

A. 同　　B. 相近

C. 不同　　D. 特殊

112. 班组目标管理的目的是（　）。

A. 统一班组成员的思想　　B. 调动班组成员的主观能动性

C. 实现企业总目标　　D. 提高班组的工作效率

113. 一般来讲，（　）是企业发展的推动因素。

A. 增加职员数量　　B. 降低经营成本

C. 尽量增加收益　　　　D. 提高顾客满意度

114. 班组建设要以打造高效、创新、和谐班组为目标，进一步推动班组工作制度化、规范化、科学化和民主化，不断提高班组执行力、创新力和凝聚力，努力把班组建设成为能够出色完成生产（工作）任务、(　　) 的坚强集体。

A. 具有较强创新能力　　　　B. 管理科学

C. 纪律严明　　　　D. 团结和谐

115. 标准化的实施包括 (　　)。

A. 制定标准　　　　B. 执行标准

C. 检查标准　　　　D. 完善标准

116. 班组长在进行目标管理时要做到 (　　)。

A. 识别员工的核心工作

B. 责任到人，给每个工作设立明确的挑战性目标

C. 为每个目标设定最后期限

D. 为目标排序，以便分阶段实施

117. 班组长要做好基层班组管理工作，或者要胜任班组长职务，不辱使命，必须具备 (　　) 等方面的基本素质。

A. 职业道德　　　　B. 组织管理

C. 专业技术　　　　D. 文化知识

E. 家庭美德

118. 物料采购计划的检查内容包括 (　　)。

A. 计划需用量与实际耗用量的对比

B. 物料到货衔接情况

C. 供货合同执行进度和情况

D. 物料消耗定额执行情况及物料节约使用情况

119. 企业的基础管理具有（　）特性。

A. 基础性　　B. 普遍性

C. 科学性　　D. 先行性

120. 目标管理的主要内容有（　）。

A. 具体　　B. 量化

C. 时限　　D. 相关性

E. 可接受　　F. 考核

121. 目标管理的步骤包括（　）。

A. 向上对焦目标　　B. 制定组织目标和个人目标

C. 左右晒目标　　D. 向上沟通目标

E. 张贴组织目标和个人目标

122. 班组制度管理中，班组长的主要职责是（　）。

A. 组织生产活动　　B. 监督员工遵守制度

C. 代替员工完成工作　　D. 向上级报告工作情况

123. 项目范畴定义包括（　）。

A. 项目的提交物　　B. 实现项目提交物的活动

C. 项目的预算经费　　D. 项目的实施方案

124. 管理过程包括计划、(　　)和控制人员与活动。

A. 组织　　B. 调动

C. 领导　　D. 协调

125. 目标管理是一个过程，是一种动态管理，通过（　　）及时对目标进行调整，以利于总目标和分目标的完成。

A. 检查　　B. 评比

C. 监督　　D. 信息反馈

126. 实施目标管理的主要步骤是（　　)。

A. 制定目标　　B. 目标分解与实施

C. 检查实施结果及奖惩　　D. 信息反馈及处理

127. 班组长管理职责的具体内容包括（　　）和学习培训管理等内容。

A. 班组人员管理　　B. 物的管理

C. 生产经营的过程管理　　D. 信息和时间管理

128. 班组任务管理的原则是（　　)。

A. 人性化　　B. 质量化

C. 标准化　　D. 信息化

E. 表单化

129. 班组建设应遵循的原则有（　　)。

A. 适应企业发展需要原则

B. 促进职工全面发展原则

C. 继承与创新相结合原则

D. 行政管理与民主管理相结合原则

130. 在管理职能中，指挥就是要解决（　）。

A. 怎么做　　B. 怎样才更快

C. 怎样才能更经济　　D. 需要什么资源

131. 班组长从一开始就应紧紧控制会议，以建立其权威，成为会议的核心。需要注意（　）。

A. 要严格遵守会议的开始时间

B. 宣布会议规定和会议纪律

C. 安排会议记录

D. 宣布和明确会议目标

132. 通过班组会可以（　）。

A. 提升员工的团队意识

B. 建立班组共同愿景

C. 加强员工和班组长的交流和沟通

D. 宣传和贯彻企业的精神和理念

133. 管理者提高自身管理水平的方法包括（　）。

A. 熟练掌握管理的基本方法

B. 加强管理理论的学习

C. 对自身角色进行更准确的定位

D. 学会设计科学合理的管理体系

134. 物料采购计划按计划期的长短可分为（　）。

A. 年度计划　　B. 季度计划

C. 月份计划　　D. 旬度计划

135. 处理好会议中的反面意见，班组长应该（　）。

A. 有听取反面意见的思想准备

B. 接受反面的意见

C. 认真对待反面意见

D. 主动鼓励下级提出不同的意见

136. 改善方案需先设定主题，改善方案一般分为（　）。

A. 规范化管理主题　　B. 安全管理主题

C. 作业流程方法改善主题　　D. 以上都不是

137. 如果每个部门都站在客户的立场上思考问题，那么企业将会（　）。

A. 效率更高　　B. 与客户关系更为紧密

C. 为客户提供更多价值　　D. 盈利能力更强

138. 战略执行系统构成要素是（　）。

A. 战略目标分解　　B. 创新绩效模式

C. 改革激励机制　　D. 优化核心流程

E. 再造权责体系

139. 定目标的原则是（　）。

A. 明确的　　B. 可衡量的

C. 可实现的　　D. 有关联的

140. 工作计划的要素为（　）。

A. 有目标　　B. 有措施

C. 有步骤　　D. 有时间

141. 目标管理的基本原则是（　）。

A. 目标应明确、具体，不可模棱两可

B. 目标要既具有挑战性又有可行性，使其为员工“跳起来可以摘到的桃子”

C. 目标应具有可测量性，其测量结果不因测量人的不同而不同

D. 有时原则比目标更重要，班组长在目标管理过程中，有时要学会必要的妥协

142. 班组安全管理课程重点培养班组长（　）的能力。

A. 安全生产管理　　B. 风险辨识评估与控制

C. 生产现场管理　　D. 预防安全生产事故事件

E. 作业现场安全管理

143. 现场改善方案的制定包括（　）。

A. 问题是什么　　B. 原因是什么

C. 措施是什么　　D. 预计成果是什么

E. 实施计划是什么

144. 班组制度对于提高员工积极性的作用主要体现在（　）。

A. 明确工作职责　　B. 提供晋升机会

C. 设定合理的奖惩机制　　D. 增加员工休息时间

145. 战略管理的流程是（　）。

A. 确定企业使命　　B. 战略环境分析

C. 战略选择及评价　　D. 战略实施与控制

146. 计划按类型分为（　）计划。

A. 专项　　B. 日常

C. 临时　　D. 长期

147. 班组计划管理有完整的层次体系，按照广度可划分为（　）。

A. 战略计划　　B. 行动计划

C. 作业计划　　D. 长期计划

148. 从时间上划分，班组目标管理有（　）。

A. 日目标　　B. 短期目标

C. 中期目标　　D. 长期目标

149. 企业的资源能力包括（　）。

A. 基础资源　　B. 客户资源

C. 扩展资源　　D. 整合能力

E. 网络资源

150. 目标的制定包括（　）这几个阶段。

A. 初步确定组织的总目标

B. 重新审议组织结构和职责分工

C. 分解目标

D. 制定完成目标的具体计划和方法的协议

151. 物料采购的准备工作包括（　）。

A. 做好市场预测

B. 掌握物料市场动态

C. 收集企业内部的相关数据资料

D. 制定有关物料消耗定额

152. 班组落实各项制度的关键是（　）。

A. 班组长要率先垂范

B. 严格认真，不能有半点松懈

C. 公开公正，一视同仁

D. 制度要足够完善，各项制度能相互补充

153. 班组质量管理制度主要包括（　）和质量责任制度。

A. 质量教育制度　　B. 质量验收标准

C. 质量控制方法　　D. 质量经营管理

154. 按管理领域划分，管理者可分为（　）。

A. 综合管理者　　B. 专业管理者

C. 基层管理者　　D. 中高层管理者

155. 单位应结合本单位实际情况及安全生产状况分别制定安全环保中长期发展总体目标规划、年度目标计划，其目标规划、计划内容应包括（　）等。

A. 事故事件控制指标　　B. 管理目标

C. 保障措施　　D. 重点任务

156. 战略分析包括（　）。

A. 明确企业当前宗旨、目标和战略

B. 外部环境分析

C. 内部条件分析

D. 重新评价企业的使命和目标

157. 按照时间划分，可将计划分为（　）。

A. 短期计划　　B. 长期计划

C. 中期计划　　D. 周期计划

158. 物料采购计划的内容包括（　）。

A. 确定企业计划期的物料需用量

B. 确定物料消耗定额

C. 清查企业库存资源

D. 综合平衡，编制物料需求计划和物料采购计划等

159. 任何一个管理活动都必须包括（　）要素。

A. 管理主体　　B. 管理客体

C. 管理目标　　D. 组织环境和条件

160. 下列属于推动目标管理所需的基础条件的是（　）。

A. 组织有明确的价值理念

B. 高层领导重视目标管理

C. 组织成员具备自我管理能力

D. 组织有明确的任务分析

161. 班组安全管理制度的主要内容为：安全教育、(　　)、事故责任处理等。

A. 安全检查　　B. 安全责任制

C. 安全奖惩　　D. 作业安全控制

162. 班组长每日严格执行班组制度即(　　)。

A. 班前　　B. 班中

C. 班后

163. 班组管理制度落实需要(　　)。

A. 开展监督　　B. 检查活动

C. 分析原因　　D. 制定措施

164. 班组制订的计划通常是(　　)。

A. 短期计划　　B. 具体计划

C. 作业计划　　D. 长期计划

# 判断题

1. 班后会与班前会所采用的方式和要解决的重点问题是不同的。(　)

A. 正确　　B. 错误

2. “凡事预则立，不预则废”，在制定目标时这种说法是指制定目标前一定要做好充分的准备。(　)

A. 正确　　B. 错误

3.《标准化法》中规定：国家鼓励积极采用国际标准。(　)

A. 正确　　B. 错误

4.《产品质量法》中规定：国家对产品质量实行以抽查为主要方式的监督检查制度。(　)

A. 正确　　B. 错误

5.《产品质量法》中规定：国家鼓励推行科学的质量管理方法，采用先进的科学技术，鼓励企业产品质量达到并且超过行业标准、国家标准和国际标准。(　)

A. 正确　　B. 错误

6. ISO 9000 标准是质量管理和质量体系要素指南。(　)

A. 正确　　B. 错误

7. 阿米巴经营模式适用于所有企业。(　)

A. 正确　　B. 错误

8. 安排当天的工作任务、目标、人员的调配、注意事项等是班前会的主要内容，班组长应通过明确、具体的工作指导，使当天

的工作能够有序进行。(　)

A. 正确　　B. 错误

9. 安排生产计划的步骤是明确实施该项任务的目的与必要性；分析该任务目前的状态，尽可能把任务量化。在分析现状的基础上，设定实施该项任务的目标。确定完成此项任务的组织及执行的方法。通过对具体案例的分析，促使参与的员工能够理解并积极参与制订实施计划。(　)

A. 正确　　B. 错误

10. 安全目标的实现是班组长一个人的事。(　)

A. 正确　　B. 错误

11. 安全生产行政法规一般专指国务院制定的有关安全生产规范性的文件，其法律地位和效力低于《宪法》和《安全生产法》。(　)

A. 正确　　B. 错误

12. 安全生产责任制是一项最基本的安全生产制度，是其他各项安全规章制度得以切实实施的基本保证。(　)

A. 正确　　B. 错误

13. 按照生产工艺化组建班组是班组组建的唯一原则。(　)

A. 正确　　B. 错误

14. 班前会与班后会所采用的方式和要解决的重点问题是相同的。(　)

A. 正确　　　　　　　　　　B. 错误

15. 班后总结是指订单完成后的总结，是班后会的管理。（　）

A. 正确　　　　　　　　　　B. 错误

16. 班前会还是上传下达的重要途径。班组长可以利用班前会向员工传递公司信息，使员工的个人目标和企业的经营目标能够达成一致。（　）

A. 正确　　　　　　　　　　B. 错误

17. 班前预想会一般分为点名、当日工作完成情况、次日工作部署和分工安排、安全预想、文件通知学习以及其他事项通知等六大方面。（　）

A. 正确　　　　　　　　　　B. 错误

18. 班务公开是实施班组民主管理的有效形式。（　）

A. 正确　　　　　　　　　　B. 错误

19. 班组层面的员工干的是执行层面的事情，只要清楚自己的岗位职责、工作纪律、作业指导书等相应的规章制度就可以了，没有必要关注企业战略，这是高层关注的东西。（　）

A. 正确　　　　　　　　　　B. 错误

20. 班组成员是被管理者，只是班组管理的客体。（　）

A. 正确　　　　　　　　　　B. 错误

21. 班组的顾客大多是老顾客，对他们和他们的需求再熟悉不过了，不需要识别和认识顾客和相关方。（　）

A. 正确　　　　　　　　　　B. 错误

22. 班组的基础管理工作主要发生在现场，其工作内容主要包括计划、组织、协调、控制、改进“五步”循环。(　 )

A. 正确　　　　　　　　　　B. 错误

23. 班组特点中的“细”是指任务分配细、各种考核细、管理工作细。(　 )

A. 正确　　　　　　　　　　B. 错误

24. 班组特点中的“小”是指班组人员少。(　 )

A. 正确　　　　　　　　　　B. 错误

25. 班组的业务建设就是在生产、技术、经济活动中不断学习和掌握各项专业管理技术。(　 )

A. 正确　　　　　　　　　　B. 错误

26. 班组的制度建设是指班组制定、执行和不断完善各种规章制度的过程。(　 )

A. 正确　　　　　　　　　　B. 错误

27. 班组的中心工作包括物质文明建设和精神文明建设，物质文明建设的核心是提高经济效益，精神文明建设的核心是员工遵章守纪、爱岗敬业。(　 )

A. 正确　　　　　　　　　　B. 错误

28. 班组工作目标五大特点是：（1）工作目标是准确界定的，组员对要达到的目标认识要明确而清晰；（2）工作目标是可量、可评的；（3）工作目标是双方认可的；（4）工作目标应是可达到且具有挑战性的，也有人认为是重在结果达成，没有达成结果就要因此承担责任；（5）工作目标应明确规定最后期限，即完成时限。（ ）

A. 正确　　B. 错误

29. 班组管理的基本内容是：人、财、物、信息、时间。（ ）

A. 正确　　B. 错误

30. 班组管理的特点是：管理者不过问琐事。（ ）

A. 正确　　B. 错误

31. 班组管理的特点是关注“关系”。（ ）

A. 正确　　B. 错误

32. 班组管理工作中的组织生产就是如何严格执行班组规章制度。（ ）

A. 正确　　B. 错误

33. 班组管理就是按照上级确定的标准和流程进行展开，不需要遵守 PDCA 循环。（ ）

A. 正确　　B. 错误

34. 班组管理就是将生产任务完成。（ ）

A. 正确　　B. 错误

35. 班组管理人、机、料、法、环五大要素中，人是最大最不可控的因素。（ ）

A. 正确　　B. 错误

36. 班组管理是企业管理的基石。相比较而言，人－机系统变异的控制和人际关系的协调是班组管理的重点，而落实各项管理制度和员工参与管理则是班组管理的特色。(　)

A. 正确　　B. 错误

37. 班组管理是指以班组自身所进行的计划、组织、协调、控制、监督和激励等管理活动，其职能在于对班组的人、财、物等进行合理组织、有效利用。(　)

A. 正确　　B. 错误

38. 班组管理因为是基层管理，所以与企业最高方针和目标的实现联系不大。(　)

A. 正确　　B. 错误

39. 班组管理者有责任和义务让班组内全体员工知道其管理功能。(　)

A. 正确　　B. 错误

40. 班组规范化管理中的三定是定岗、定责、定薪。(　)

A. 正确　　B. 错误

41. 班组会议上，班组长可采用头脑风暴法组织班组成员开会。关于头脑风暴法的原则，要求与会者改进他人提出的观念是不正确的。(　)

A. 正确　　B. 错误

42. 班组基础管理包括信息工作、标准化工作、规章制度制定、定额工作、计量和检测工作、教育培训等。(　)

A. 正确　　B. 错误

43. 班组基础管理要做到记录及台账完整准确，能适应生产经营统计、分析、管理的要求，实现管理规范化。(　)

A. 正确　　B. 错误

44. 班组基础建设是以安全生产责任制为主要内容的各项规章制度健全，执行状况良好，实现管理制度化。(　)

A. 正确　　B. 错误

45. 班组基础建设是以岗位责任制为主要内容的各项规章制度健全，执行状况良好，实现管理制度化。带领员工“均衡、高效、优质、节约、安全”地完成生产任务，是班组长的基本职责。(　)

A. 正确　　B. 错误

46. 班组基础建设要健全以岗位责任制为主要内容的各项规章制度，并保证各项制度的切实落实，实现班组管理制度化。(　)

A. 正确　　B. 错误

47. 班组计划管理中计划的内容可用“5W2H”来表示。(　)

A. 正确　　B. 错误

48. 班组计量工作主要有按规范开展班组计量检测活动和计量管

理活动。(　)

A. 正确　　B. 错误

49. 班组减少管理失误可以防范浪费。(　)

A. 正确　　B. 错误

50. 班组进行目标管理的前提是要准确理解企业的目标，在对企业和车间目标充分分析和评估的情况下，为保证大目标的完成设立班组目标。(　)

A. 正确　　B. 错误

51. 班组例会原则上应定期、定时举行。每个班组每月至少举行一次例会，前台班组应每日举行。其他例会，各班组可以根据业务开展情况以及班组管理情况，灵活安排。(　)

A. 正确　　B. 错误

52. 班组每天要坚持召开班前会，检修班组和其他班组在布置生产任务时，要明确安全措施，布置好劳动安全互保。(　)

A. 正确　　B. 错误

53. 班组民主管理要坚持以人文关怀为途径。(　)

A. 正确　　B. 错误

54. 班组目标管理就是一定时期内努力奋斗的方向和要达到的指标。(　)

A. 正确　　B. 错误

55. 班组目标制定标准与科学方针一致即可。(　)

A. 正确　　　　　　　　B. 错误

56. 班组是按照产品、工艺管理的要求所划分的基本作业单元。(　)

A. 正确　　　　　　　　B. 错误

57. 班组是公司生产经营管理的第一线，拥有保证公司管理目标实现的功能。(　)

A. 正确　　　　　　　　B. 错误

58. 班组是公司生产经营活动的基本单位，是最基层的生产管理组织。(　)

A. 正确　　　　　　　　B. 错误

59. 班组是公司最基层的组织。(　)

A. 正确　　　　　　　　B. 错误

60. 班组是企业从事生产经营活动或管理工作最基层的组织单元，是激发职工活力的细胞，是提升企业管理水平、构建和谐企业的落脚点。(　)

A. 正确　　　　　　　　B. 错误

61. 班组是企业的“细胞”，班组管理是企业管理的基础，班组安全管理工作是企业一切工作的出发点。(　)

A. 正确　　　　　　　　B. 错误

62. 班组是企业的基础。(　)

A. 正确　　　　　　　　B. 错误

63. 班组是企业的细胞，既是安全管理的重点，也是反违章的主要阵地。(　)

A. 正确　　B. 错误

64. 班组是企业的细胞，也是最基本的生产单位，班组建设搞得好坏是关系到企业能否立于不败之地的重要因素之一。(　)

A. 正确　　B. 错误

65. 班组是企业的细胞，只是一个基层部门，不是基础的管理组织。(　)

A. 正确　　B. 错误

66. 班组是企业经济活动的细胞，是企业增强活力的源头。(　)

A. 正确　　B. 错误

67. 班组是企业生产经营管理的第一线，具有保证企业管理目标实现的作用。(　)

A. 正确　　B. 错误

68. 班组是企业组织结构的基石，是连接企业与员工的平台，是企业最活跃的细胞，是企业各项工作的落脚点。(　)

A. 正确　　B. 错误

69. 班组是企业组织生产经营活动的基本单位，是企业最基层的生产管理组织。(　)

A. 正确　　B. 错误

70. 班组是在劳动分工的基础上，把生产过程中相互协同的同工

种、相近工种或不同工种的人组织在一起，从事生产活动的一种组织。(　)

A. 正确　　　　B. 错误

71. 班组属于操作层面，其目标只要符合上级方针就可以，不需要遵循 SMART 原则。(　)

A. 正确　　　　B. 错误

72. 班组需要建立九大制度：晨会制度、月初计划制度、月中控制制度、月末总结制度、交接班制度、巡回检查制度、岗位练兵制度、安全文明生产制度、班组经济责任制。(　)

A. 正确　　　　B. 错误

73. 班组一级的计划，一般来说属于战术性的计划，因此能量化的要尽量量化。(　)

A. 正确　　　　B. 错误

74. 班组应当每日召开一次班前会，并对所辖作业区域至少进行一次安全巡查，查明作业场所和工作岗位可能存在的重大危险和事故隐患，提出防范和整改措施。(　)

A. 正确　　　　B. 错误

75. 班组长、安全员应熟练掌握设备、设施性能及物质的危险性质；严格执行班前会、“点检”、“巡检”等制度，班组安全检查记录齐全。(　)

A. 正确　　　　B. 错误

76. 班组长的基本职责包括管理职责和维权职责。(　)

A. 正确　　B. 错误

77. 班组长分解计划，拟订派生计划，应该坚持具体、细致、量化和数据指标刚性的原则。(　)

A. 正确　　B. 错误

78. 班组长管理的类型概括为制度管理、情感管理、制度与情感结合管理。(　)

A. 正确　　B. 错误

79. 班组长管理具有管得宽、管得严、管得具体等特点。(　)

A. 正确　　B. 错误

80. 班组长是生产的直接组织和参加者，所以班组长既应是技术骨干，又应是业务上的多面手。(　)

A. 正确　　B. 错误

81. 班组长为员工设定的工作目标应该是具体的、可考量的、挑战性的、重在结果达成、限定完成时间。(　)

A. 正确　　B. 错误

82. 班组长要经常考虑“采取措施”，不检查、无计划、没有实施方案的是空谈的管理。(　)

A. 正确　　B. 错误

83. 班组长要做好基层班组管理工作，或者要胜任班组长职务，不辱使命，必须具备职业道德、组织管理、专业技术和文化

知识等方面的基本素质。(　)

A. 正确　　　　B. 错误

84. 班组长应监督生产的全过程，但不需对生产结果进行评估。(　)

A. 正确　　　　B. 错误

85. 班组长应具备较强的管理能力。(　)

A. 正确　　　　B. 错误

86. 班组长应在班组班务会上带领班组成员学习安全生产制度规程、事故通报等，在学习讨论的过程中，了解班组成员对材料的理解情况，并将学习材料的意义结合现场实际情况进行展开。(　)

A. 正确　　　　B. 错误

87. 班组长只要把工作任务安排给组员就可以了，自己不用到工作现场。(　)

A. 正确　　　　B. 错误

88. 班组制订计划的每个阶段都要使班组成员参与，不能以强加的方式制定任何目标，这主要体现了让班组成员一致认可目标。(　)

A. 正确　　　　B. 错误

89. 班组最基本的特征主要包括：小、繁、细、全、变、实、累。(　)

A. 正确　　　　　　　　B. 错误

90. 班组作为企业的最基层组织，是安全生产的前沿阵地。(　　)

A. 正确　　　　　　　　B. 错误

91. 不制定工作目标，事前计划不周详，事中管理执行不到位，往往会令班组长无功而返。(　　)

A. 正确　　　　　　　　B. 错误

92. 在不遵守规章制度的工作现场，我们经常会听到“下不为例”“这样就行了吧”“我太忙啦”，这些话对解决问题有帮助。(　　)

A. 正确　　　　　　　　B. 错误

93. 采取成本领先战略的企业利润一般较低。(　　)

A. 正确　　　　　　　　B. 错误

94. 差异化战略成功的前提是找到不同的顾客群。(　　)

A. 正确　　　　　　　　B. 错误

95. 差异化战略是通过设计一整套行动，生产并提供一种顾客认为很重要且与众不同的产品或服务。(　　)

A. 正确　　　　　　　　B. 错误

96. 晨会制度不是班组需要建立的制度。(　　)

A. 正确　　　　　　　　B. 错误

97. 成功的第一要素是方法。(　　)

A. 正确　　　　　　　　B. 错误

98. 成功公式 = 意愿 × 习惯 × 行为。(　　)

A. 正确　　B. 错误

99. 成功实施成本领先与差异化整合战略的条件是目标市场足够大。(　　)

A. 正确　　B. 错误

100. 从某种意义上，标准化就是制定标准、执行标准、完善标准和灵活运用标准的循环过程。(　　)

A. 正确　　B. 错误

101. 大量的证据证明，企业的社会责任与其长期利润之间有着负相关关系。(　　)

A. 正确　　B. 错误

102. 带队伍建班组，最有效的手段就是培训。(　　)

A. 正确　　B. 错误

103. 当前企业管理对工作分析成果提出了新的要求，要求管理要以股东为中心。(　　)

A. 正确　　B. 错误

104. 地方标准的级别高于行业标准。(　　)

A. 正确　　B. 错误

105. 对策表应包括七个方面的内容：要因、对策、目标、措施、地点、时间、负责人。(　　)

A. 正确　　B. 错误

106. 对策的制定与实施的要点是从多角度提出对策方法的步骤，根据综合评价选择好的对策。(　　)

A. 正确　　　　B. 错误

107. 对于班组管理来说，计划职能主要包括制订作业计划、加强目标管理、落实岗位责任制。(　　)

A. 正确　　　　B. 错误

108. 发生各类事故时，应按规定程序及时上报并保护好现场，不得隐瞒不报，在车间及有关部门进行调查时，实事求是反映事故情况，并按“四不放过”原则，组织召开班组安全会议，吸取事故教训。(　　)

A. 正确　　　　B. 错误

109. 法的指引作用是指法律作为一种行为规范，为人们提供了某种行为模式，指引人们如何行为，法的指引作用的对象是他人的行为。(　　)

A. 正确　　　　B. 错误

110. 方针目标的评价可分为自我评价和上级评价，评价的频次根据管理层次不同而有所不同。(　　)

A. 正确　　　　B. 错误

111. 方针目标管理是现代管理的一种方法，它可以替代计划职能。(　　)

A. 正确　　　　B. 错误

112. 方针目标制定的依据是过去的实际成绩、问题两个方面。(　)

A. 正确　　B. 错误

113. 非计划工作与临时工作性质相同，均有一定的紧迫性，生产工作中应安排此类作业。(　)

A. 正确　　B. 错误

114. 非权力因素与职位权力没有密切的关系，但是非权力因素却能有效地间接影响着权力因素的运用。(　)

A. 正确　　B. 错误

115. 非周期性工作不应纳入工作计划。(　)

A. 正确　　B. 错误

116. 分析企业的竞争结构需要从竞争者分类、主要竞争者分析、竞争趋势分析、竞争策略分析四个方面来进行。(　)

A. 正确　　B. 错误

117. 分析是在对企业的市场环境和企业资源的综合分析基础上，分析企业的优势与劣势、面临的机会和威胁的一种方法。(　)

A. 正确　　B. 错误

118. 分享机制的实质是信息的传递和反馈，所以分享者能够从反馈中既获得自我的价值实现，又能够吸纳新知识、新思想，促进自己行为经验的历练。(　)

A. 正确　　　　　　B. 错误

119. 改变计划的原则有积极原则和微调原则。(　)

A. 正确　　　　　　B. 错误

120. 岗位责任制明确了每个职工的工作范围和职责权利。(　)

A. 正确　　　　　　B. 错误

121. 高速增长的公司把更多的精力放在研究如何打败竞争对手上。(　)

A. 正确　　　　　　B. 错误

122. 高效职业生产力的四大策略：品牌策略、营销策略、服务策略和核心竞争力策略。(　)

A. 正确　　　　　　B. 错误

123. 根据双因素理论，企业中的保健因素包括公司的制度和政策、人际关系、工资福利、个人生活、工作条件等各个方面。(　)

A. 正确　　　　　　B. 错误

124. 工期的确定是项目计划的基础。(　)

A. 正确　　　　　　B. 错误

125. 工作汇报是个人的工作概括和总结，是要求上级给予支持的有效手段。(　)

A. 正确　　　　　　B. 错误

126. 工作质量是指企业管理、技术和组织对达到质量标准和提高

产品质量的保证程度。(  )

A. 正确 B. 错误

127. 公司工作团队主要分为任务型团队、项目型团队和固定工作团队。(  )

A. 正确 B. 错误

128. 构成差异化战略的差异化内在来源是产品质量的识别性，而不是产品品种的挑选性。(  )

A. 正确 B. 错误

129. 关联图是单一目的、因素不交叉、三层以内的因果分析。(  )

A. 正确 B. 错误

130. 管控的目的是使所有的工作都能制度化、系统化，所有部门和员工都能按照低支出、高收入的原则进行运作，进而为企业创造更多的经济效益、更多的利润空间。(  )

A. 正确 B. 错误

131. 管理的目的就是消除矛盾。(  )

A. 正确 B. 错误

132. 管理的内容中对信息的管理包括：生产进度方面的信息，上级给下级下达的指示，下级向上级反馈的意见等。(  )

A. 正确 B. 错误

133. 管理的五项工作是决策、组织、协调、控制、监督。(  )

A. 正确　　B. 错误

134. 管理的五项工作中的计划就是要做到有条不紊，制订年度计划、月计划、每天的计划。(　)

A. 正确　　B. 错误

135. 管理的五项内容是人、财、物、方法、时间。(　)

A. 正确　　B. 错误

136. 管理定义中“运用”的含义是获取、调度和利用三个方面。(　)

A. 正确　　B. 错误

137. 管理好时间就是处理好事情，管理者应对每天的工作按其轻重缓急和主次的不同来划分，进行时间管理。(　)

A. 正确　　B. 错误

138. 管理技能包括专业技能、概括技能和人际技能。(　)

A. 正确　　B. 错误

139. 管理就是协调集体活动，以实现组织目标的实践过程。(　)

A. 正确　　B. 错误

140. 管理具有显著的科学性，然而，管理过程中的诸多不确定因素使管理本身无法完全量化，因此，管理又具有一定的艺术性。(　)

A. 正确　　B. 错误

141. 管理是“做正确的事”和“正确地做事”。(　)

A. 正确　　　　　　　　B. 错误

142. 管理是随着生产的发展不断完善的，十全十美的管理系统并不存在，管理是存在缺陷的。(　　)

A. 正确　　　　　　　　B. 错误

143. 管理是团体赛，要靠组织的合作，企业才能脱颖而出。(　　)

A. 正确　　　　　　　　B. 错误

144. 管理是要协调、带领人们实现目标，最大限度地发挥人们的积极性、主动性和创造性。(　　)

A. 正确　　　　　　　　B. 错误

145. 管理是一门高超神奇的艺术，只可意会不可言传，一般人学不会。(　　)

A. 正确　　　　　　　　B. 错误

146. 管理是一种无形的力量，它是通过高层管理者对下级管理者和组织成员的严格控制体现出来的。(　　)

A. 正确　　　　　　　　B. 错误

147. 管理是指在一定条件或环境下，管理主体为了到达一定的目标，运用一定的职能和手段，对管理客体施加影响和进行控制的过程。(　　)

A. 正确　　　　　　　　B. 错误

148. 管理者存在的价值是集合员工团队的力量去达成企业的绩效。(　　)

A. 正确　　　　B. 错误

149. 管理者应该通过其他人的共同努力，来完成工作目标。（　）

A. 正确　　　　B. 错误

150. 规范化管理能够完全避免日常生产活动出现差错，增强企业的核心竞争力。（　）

A. 正确　　　　B. 错误

151. 好的工作方式是踏踏实实做人，无须表现创新意识。（　）

A. 正确　　　　B. 错误

152. 核心能力竞争对手很容易模仿。（　）

A. 正确　　　　B. 错误

153. 很多大型企业，管理机构庞大，人浮于事，虽然时常提出改革措施，但收效甚微，主要原因可能是领导群体的能力不行。（　）

A. 正确　　　　B. 错误

154. 汇报制度是班组安全管理的基本制度之一。（　）

A. 正确　　　　B. 错误

155. 积极推行班组民主管理，以深入开展“争先创优”活动为基本平台，提高班组长的现场管理能力。（　）

A. 正确　　　　B. 错误

156. 基层管理者是企业各项活动的直接组织者和执行者，是连接中高层管理者与员工之间的桥梁，是企业稳定发展的基

石。(　)

A. 正确　　B. 错误

157. 集中化战略是指主攻某产品系列细分区段，而不是市场地区区段。(　)

A. 正确　　B. 错误

158. 集中化战略一般会导致企业成本下降。(　)

A. 正确　　B. 错误

159. 计划的实施应严格按照计划安排推进，以保证交期和质量设计满足顾客需求，任何人不得擅自更改计划，避免出现非预期结果。(　)

A. 正确　　B. 错误

160. 计划目标应符合量化具体、协调可行的要求。(　)

A. 正确　　B. 错误

161. 计划是整个管理过程的起点，是管理的一项基本职能，管理的其他环节只有在计划确定了之后才能进行，并且伴随着管理计划的改变而改变。(　)

A. 正确　　B. 错误

162. 计划制订过程中尽量考虑全面，每个工作任务均应有专人负责，无须判断重点任务。(　)

A. 正确　　B. 错误

163. 坚持班会制度，每日班前会可以总结上一班次的生产状况，

对劳动纪律管理有一定意义。(　　)

A. 正确　　B. 错误

164. 建立岗位职责制，以标准作业指导书为前提，制定质量考核标准，达到事事有考核的考评责任制。(　　)

A. 正确　　B. 错误

165. 建立良好的行为习惯需要建立知识、技巧、意愿三个方面。(　　)

A. 正确　　B. 错误

166. 结构小型化是班组的特点之一。(　　)

A. 正确　　B. 错误

167. 决定战略能否成功实施的因素是组织的资源进行充分整合后所具备的组织执行力。(　　)

A. 正确　　B. 错误

168. 开好班前会是做好班组安全管理的重要手段。(　　)

A. 正确　　B. 错误

169. 开展层级会议的原则之一为层层管控，即指标自下而上层层分解，问题从上到下层层落实。(　　)

A. 正确　　B. 错误

170. 控制关键点原理是指管理者越是尽可能选择所有计划作为控制标准，控制工作就越有效。(　　)

A. 正确　　B. 错误

171. 李班长认为目标管理帮助他有更多精力集中于关键领域问题的摸索和处理。(  )

A. 正确 B. 错误

172. 例外管理原则就是要紧抓规范化管理。(  )

A. 正确 B. 错误

173. 领导者执行规章制度时，要遵循先宽后严的原则。(  )

A. 正确 B. 错误

174. 没有做准备计划工作，结果往往是无功而返。(  )

A. 正确 B. 错误

175. 每个班组都不是单独存在的，要实现综合效益，就要和其他班组保持一致和平稳。流程是班组之间联系畅通的保证。(  )

A. 正确 B. 错误

176. 明确本部门目标后，还要同时制订支撑目标达成的实施计划，并得以有效实施。(  )

A. 正确 B. 错误

177. 明确管理目标或任务是有效管理的前提与基础。管理是一个制定目标和有效实现目标的过程。(  )

A. 正确 B. 错误

178. 某组织的目标为“为消费者提供最大价值的商品和服务”，生产部门的目标是“严把质量关”，售后服务部门的目标是

“为顾客提供最满意的服务”，这说明组织中所有的目标都应该是一致的。（ ）

A. 正确　　B. 错误

179. 目标分解的原则是将主体目标逐步细化分解，最底层的日常任务分解到不能再细分，对应到人、时间和资源。（ ）

A. 正确　　B. 错误

180. 目标分解是由上至下，目标实现是由下至上。（ ）

A. 正确　　B. 错误

181. 目标管理的核心是让员工自己管理自己，发挥员工的积极性。（ ）

A. 正确　　B. 错误

182. 目标管理的基本原则是明确、具体，挑战、可行，注意边界条件（这是工作中要坚持的原则，也可以称为底线）。有时原则比目标更重要，要学会必要的妥协。（ ）

A. 正确　　B. 错误

183. 目标管理的目的是班组长给班组职员制定目标，并据此进行考核。（ ）

A. 正确　　B. 错误

184. 目标管理和日常管理没有本质上的区别，都是围绕班组五大任务开展的活动。（ ）

A. 正确　　B. 错误

185. 目标管理强调以人为中心的主动式管理，强调“自我操纵”“自我评估”，相对过程监督控制，更加重视工作成果。(　)

A. 正确　　　　B. 错误

186. 目标管理是使组织中的上级和下级一起参与组织目标的制定，由此决定上下级的责任和分目标，并使其在目标实施中实行自我控制，努力完成目标的管理方法。(　)

A. 正确　　　　B. 错误

187. 目标管理是以控制员工为目的的。(　)

A. 正确　　　　B. 错误

188. 目标管理是以目标的设置和分解、目标的实施及完成情况的检查，并依据结果奖惩为手段，通过员工的自我管理来实现企业经营目标的管理方法。(　)

A. 正确　　　　B. 错误

189. 目标管理在对上级方针目标进行有效和准确的承接和分解、进行量化的同时，可以不具有对策和时间节点。(　)

A. 正确　　　　B. 错误

190. 目标管理中的目标是上级制定，再由班组共同执行。目标的达成是员工自我管理的结果。(　)

A. 正确　　　　B. 错误

191. 目标管理中目标体系的制定是一个动态反复的过程。(　)

A. 正确　　　　B. 错误

192. 目标管理中确定的目标是上下级共同参与制定出来的。(　)

A. 正确　　　　B. 错误

193. 目标是指在一定期限内要达到的水平或应取得的成果，通常要用量化的指标表示。(　)

A. 正确　　　　B. 错误

194. 平衡计分卡是通过一整套财务指标传达战略的方法。(　)

A. 正确　　　　B. 错误

195. 企业变革需要时间，在这个过程中，必须发展自己的核心竞争力。(　)

A. 正确　　　　B. 错误

196. 企业的效率越高越好。(　)

A. 正确　　　　B. 错误

197. 企业的资源能力就是指企业自身所拥有的资源。(　)

A. 正确　　　　B. 错误

198. 企业核心能力是指企业发展独特技术、开发独特产品和创造独特营销手段的能力。(　)

A. 正确　　　　B. 错误

199. 企业内的层次越多，越不利于内部的沟通。(　)

A. 正确　　　　B. 错误

200. 企业如何面对竞争、应对危机，归根结底是战略层面的问

题，核心竞争力不表现在班组层面。（ ）

A. 正确 B. 错误

201. 企业生产的产品越多越好。（ ）

A. 正确 B. 错误

202. 企业要持续优化内部客户管理机制，将流程的上游环节作为客户来对待，实现内部管理客户化。（ ）

A. 正确 B. 错误

203. 企业应有严格的运行交接班制度，明确交接的时间、内容。（ ）

A. 正确 B. 错误

204. 企业应制定可操作性的达标标准，同时应把班组达标工作的总目标分解到每个车间、班组和职工。（ ）

A. 正确 B. 错误

205. 企业愿景是企业发展的未来蓝图，是企业高层领导制定的，与基层员工关系不大。（ ）

A. 正确 B. 错误

206. 企业在市场上立足的关键在于为客户制造更多的产品和服务。（ ）

A. 正确 B. 错误

207. 企业战略构成要素包括经营范围、协同作用、竞争优势、资源配置。（ ）

A. 正确　　B. 错误

208. 企业战略设计的基石是行业环境及自身优势短板。(　)

A. 正确　　B. 错误

209. 企业追求的终极目标是产品符合标准。(　)

A. 正确　　B. 错误

210. 清理和压缩班组台账，减轻班组负担，同样是完善班组基础管理。(　)

A. 正确　　B. 错误

211. 任何管理者都会面临一些混乱而复杂的环境，班组长应能看到组织的全貌和整体，并认清各种因素之间的相互联系，根据形势和问题果断地作出正确的决策。(　)

A. 正确　　B. 错误

212. 任何活动不一定都需要管理。由此看出，好的管理对于目标的实现，没有因果关系。(　)

A. 正确　　B. 错误

213. 任务分配中因人而异原则就是把合适的任务分给合适的人来完成，不同人员实行差异化的任务分配管理。(　)

A. 正确　　B. 错误

214. 日常清洁过程中应按先地面后墙面的程序进行清洁。(　)

A. 正确　　B. 错误

215. 如果条件不具备，那么计划的目标可以适当地定得更切合实

际一些，不要操之过急，否则欲速则不达。这种情况，常常是以一个新的错误来掩盖一个旧的错误。(　　)

A. 正确　　　　B. 错误

216. 身为班组长，只需要工作认真、技术高超、任劳任怨，不需要人际关系协调能力。(　　)

A. 正确　　　　B. 错误

217. 生产安排最重要的是依照生产计划，平时管理中班组长应对人员、设施、方法、资料熟练，才能正确地指导员工，帮助员工在工作中作出正确的判断。(　　)

A. 正确　　　　B. 错误

218. 生产计划是生产管理活动的中枢，是生产系统运行管理最基本、最日常的工作，正确与有效的生产计划管理是提高产量与团队凝聚力的根本保证。(　　)

A. 正确　　　　B. 错误

219. 生产进度控制是指对生产过程进行监督、判定生产进度是否朝着既定的目标顺利向前开展，并在必要的时候及时采取纠正措施。(　　)

A. 正确　　　　B. 错误

220. 生产任务可制作成单品种或多品种产品的生产任务单，因为它载有生产信息，因此只有等生产完成后才能销毁。(　　)

A. 正确　　　　B. 错误

221. 市场领导者希望在每个方面都比竞争对手做得更好。( )

A. 正确　　B. 错误

222. 市场趋势分析要从需求变化方面来进行。( )

A. 正确　　B. 错误

223. 虽然实施目标管理，但由于部门不同，目标指向也不能完全一致，所以组织成果无法最大化。( )

A. 正确　　B. 错误

224. 随着信息技术在企业中的广泛运用，企业结构将有可能变得扁平。( )

A. 正确　　B. 错误

225. 特殊生产要求或指示（其中包括顾客的特殊要求）往往在生产提示中标明。( )

A. 正确　　B. 错误

226. 提高工程质量的必要手段及实现工程项目投资目标和进度目标的前提是劳动主体的控制。( )

A. 正确　　B. 错误

227. 统计方法具有描述性、推断性和风险性。( )

A. 正确　　B. 错误

228. 头脑风暴法的过程需尊重领导的意见。( )

A. 正确　　B. 错误

229. 头脑风暴法的原则是禁止批评、多多益善、自由奔放、结合

改善。(　)

A. 正确　　B. 错误

230. 为了保证交期，对生产任务单所载明的生产信息如有疑问或不确定的，可以先开工，随后加以解决。(　)

A. 正确　　B. 错误

231. 为确保完成工作任务，班组长要执行一项项具体的工作任务。(　)

A. 正确　　B. 错误

232. 我国安全生产的管理体制是企业负责、国家监察、行业管理、群众监督、劳动者遵章守纪。(　)

A. 正确　　B. 错误

233. 我国每月制度工作时间为 20.83 天。(　)

A. 正确　　B. 错误

234. 通常说的变化点包括人员变化点、设备变化点、工艺和零部件变更变化点。(　)

A. 正确　　B. 错误

235. 物质激励远比精神激励更有效果。(　)

A. 正确　　B. 错误

236. 现场的生产计划是把生产任务合理分配、安排的工作。(　)

A. 正确　　B. 错误

237. 现场的生产计划是为完成生产任务对设备、物料、人员进行

空间和时间上的合理分配及安排。( )

A. 正确　　　　B. 错误

238. 现代管理中的“一线”就是指生产一线。( )

A. 正确　　　　B. 错误

239. 现代企业赢利模式就是促进销售、扩大份额。( )

A. 正确　　　　B. 错误

240. 现代企业制度特征是产权明晰、权责明确、政企分开、管理科学。( )

A. 正确　　　　B. 错误

241. 现在计划赶不上变化，所以没必要做员工工作目标的设定，因为面对各种变化，计划形同废纸。( )

A. 正确　　　　B. 错误

242. 项目的生命周期是由项目经历的阶段组成的序列。项目各阶段划分的原则是以某种交付结果的完成为标志，大多数项目的生命周期大致可划分为概念阶段、设计阶段、实施阶段和终止阶段四个阶段。( )

A. 正确　　　　B. 错误

243. 项目管理（MPM）是运用各种知识、技能、方法与工具，为满足或超越有关各方对项目的要求与期望所开展的各种管理活动。( )

A. 正确　　　　B. 错误

244. 项目管理的第一步是拟定计划方案。(　)

A. 正确　　B. 错误

245. 要经常考虑“采取措施”，没有措施是空谈的管理，不检查无计划，采取措施的结果是空洞的管理。(　)

A. 正确　　B. 错误

246. 一般而言，大企业更适用于采取集中化战略。(　)

A. 正确　　B. 错误

247. 一般来讲，降低经营成本是企业进展的推动因素。(　)

A. 正确　　B. 错误

248. 一般来讲，尽量增加收益是企业进展的推动因素。(　)

A. 正确　　B. 错误

249. 一般来讲，让更多的人到企业工作不是企业发展的推动因素。(　)

A. 正确　　B. 错误

250. 一般来讲，提高顾客满意度是企业进展的推动因素。(　)

A. 正确　　B. 错误

251. 一般来讲，增加收益不是企业发展的推动因素。(　)

A. 正确　　B. 错误

252. 一个企业、一个工段以至一个岗位，通过多年的实践经验总结出了许多科学的管理经验和操作方法，是制定管理和操作标准的基础。(　)

A. 正确　　　　　　　　B. 错误

253. 一种具有共同利益的群体，一定会为实现这个共同利益采用集体行动。(　)

A. 正确　　　　　　　　B. 错误

254. 应急预案编制过程中应注重全员参与，保证所有与应急预案有关的员工都能掌握应急处置方案并具备应急处置能力。(　)

A. 正确　　　　　　　　B. 错误

255. 影响工作质量最关键的因素是人的因素。(　)

A. 正确　　　　　　　　B. 错误

256. 有情的领导和无情的管理可以独立于制度管理之外。(　)

A. 正确　　　　　　　　B. 错误

257. 与差异化战略比较，成本领先战略对基础研究能力要求较低。(　)

A. 正确　　　　　　　　B. 错误

258. 与成本领先战略比较，差异化战略对组织的宽松气氛要求较高。(　)

A. 正确　　　　　　　　B. 错误

259. 班前会是对员工的教育指导召开频率最高的、参与人员最多的日常会议。昨天出现的问题、今天要注意的事项，班组长都可以利用班前会与员工进行教育和指导，持之以恒，不仅

能提高员工的工作意识，还能培养良好的工作风气。(　)

A. 正确　　　　　　　　　B. 错误

260. 员工分享 / 培训是班前会的重要内容。(　)

A. 正确　　　　　　　　　B. 错误

261. 员工管理是班组管理的第一要素。(　)

A. 正确　　　　　　　　　B. 错误

262. 员工看到的企业内部的变化通常是由企业内部组织结构的变化引发的。(　)

A. 正确　　　　　　　　　B. 错误

263. 在班组管理中要做到公平公正，按劳分配兼顾弱势群体。(　)

A. 正确　　　　　　　　　B. 错误

264. 在班组管理中要做到公平公正，按需分配兼顾弱势群体。(　)

A. 正确　　　　　　　　　B. 错误

265. 在班组每日工作开始之前要对当日班组需要完成的工作任务进行统筹合理安排。(　)

A. 正确　　　　　　　　　B. 错误

266. 在供给侧改革的“加减法”中，做减法就是减少低端供应和无效供应，去产能、去库存、去杠杆，为经济发展留出新空间。(　)

A. 正确　　　　　　　　B. 错误

267. 在管理工作中，计划的完成是以一系列目标的实现为基础的。因此，要执行计划，最重要的是搞好目标管理。(　　)

A. 正确　　　　　　　　B. 错误

268. 在很多情况下目标比原则更重要，也就是说制定什么样的目标取决于你的办事原则。(　　)

A. 正确　　　　　　　　B. 错误

269. 在计划的执行中，我们要向有需要的同事提供辅导和支持。(　　)

A. 正确　　　　　　　　B. 错误

270. 在进行班组成员培训时可以用案例培训法。(　　)

A. 正确　　　　　　　　B. 错误

271. 在考核员工的岗位职责履行情况时，应该考虑员工不同的资历条件，所以有经验的要求应该高，而经验较少的要求可以适度放低。(　　)

A. 正确　　　　　　　　B. 错误

272. 在考核员工的重点工作目标达成情况时，应该考虑员工不同的资历条件，所以有经验的要求应该高，而经验较少的要求可以适度放低。(　　)

A. 正确　　　　　　　　B. 错误

273. 在考虑企业管理人才第二梯队建设时，应该重点考核员工履

行岗位职责的情况及既定工作目标的达成情况，这样提高了考核的客观性，不易产生争议。(　　)

A. 正确　　　　B. 错误

274. 在目标管理中，对目标值定得越高越好，越有挑战性。(　　)

A. 正确　　　　B. 错误

275. 在目标管理中一定要注意目标排序。(　　)

A. 正确　　　　B. 错误

276. 在确定目标时一定要确定边界条件，或者说要实现这一目标，一定要具备哪些最基本的条件。边界条件又称为原则或底线，在很多情况下原则比目标更重要，也就是说制定什么样的目标取决于你的办事原则。(　　)

A. 正确　　　　B. 错误

277. 在确立班组工作目标时，要有安全生产的内容，并按“生产无隐患、个人无违章、班组无违规”的要求，结合班组的具体情况，制定出实现“安全合格班组”标准的具体办法。(　　)

A. 正确　　　　B. 错误

278. 在日常管理工作中，要做到班前布置安全、班中检查安全、班后总结安全，安全日活动要有针对性。(　　)

A. 正确　　　　B. 错误

279. 在设定发展目标时一般需遵循 SMART 原则，无时间限定

的不属于 SMART 原则。(　　)

A. 正确　　　　B. 错误

280. 在设定员工的重点工作目标时，考虑到竞争的激烈程度和市场变化的速度，而且员工的工作任务越来越强调要具挑战性，所以并不注重结果的达成。(　　)

A. 正确　　　　B. 错误

281. 在生产过程中，为增加顾客满意度，可以针对顾客需求对生产节奏、原料、能源等进行可能的计划调整。(　　)

A. 正确　　　　B. 错误

282. 在实际工作中，班组只需要把公司的目标作为班组目标，在工作计划、工作任务的安排上不需要班组全员参与。(　　)

A. 正确　　　　B. 错误

283. 在实际工作中，根据各项作业任务的变化，班组负责人对班组内部的管理层次及作业组织的构成进行重组或调整，是十分必要的。(　　)

A. 正确　　　　B. 错误

284. 在实现目标的时候，还要注意各岗位之间、各任务之间的协调。(　　)

A. 正确　　　　B. 错误

285. 在做计划时，如遇到的问题在规章制度中没有，在第一次出现以后可能还会重复地出现，此时就应对计划、规章制度等

进行重新修订。(　)

A. 正确　　B. 错误

286. 战略分析包括明确企业当前宗旨、目标和战略。(　)

A. 正确　　B. 错误

287. 战略计划的任务不在于看清企业目前是什么样子，而在于看清企业将来会成为什么样子。(　)

A. 正确　　B. 错误

288. 战略联盟是指两家企业为某种目的，通过一定方式组成联合体。战略联盟在市场上，以单一法人形式出现。(　)

A. 正确　　B. 错误

289. 战略是对组织目标具有全局性、长期性、决定性的影响，需要动用整体资源实现的重大决策。(　)

A. 正确　　B. 错误

290. 战略执行系统构成要素仅包含优化核心流程、改革激励机制。(　)

A. 正确　　B. 错误

291. 召开班前会的目的是营造工作气氛。上班刚开始，员工难免还停留在思想松弛、注意力不集中的自由状态。班前会的第一大目的就是要使班组全体员工的身体和心理都快速地进入工作的状态中，创造适度的工作紧张感。(　)

A. 正确　　B. 错误

292. 执行规章制度时应遵循的原则：先严后宽，对事不对人。(　)

A. 正确　　B. 错误

293. 制定对策表时要注意按 5W1H 原则制定。(　)

A. 正确　　B. 错误

294. 制定工作目标时，如果不能事前计划周详、事中管理执行到位，往往会令班组长无功而返。(　)

A. 正确　　B. 错误

295. 制订计划应根据 5W1H 制定，即：Why、What、When、Where、Who、How。(　)

A. 正确　　B. 错误

296. 制订生产计划的目的就是保证按时交货，并使生产设备、物料、人员相匹配，实现均衡、协调、持续生产。(　)

A. 正确　　B. 错误

297. 制度的作用在于各司其职，而管理的真正内涵恰恰在制度之外，也就是对异常的应变。(　)

A. 正确　　B. 错误

298. 追求最大利润是一个企业的头等大事，企业文化建设可有可无。(　)

A. 正确　　B. 错误

299. 组织必须由两个或两个以上的人组成。(　)

A. 正确　　　　　　　　B. 错误

300. 组织的资源进行充分整合后所具备的组织执行力是决定战略能否成功实施的重要因素。(　　)

A. 正确　　　　　　　　B. 错误

301. 作为管理者，要经常考虑“措施”，没有措施是空谈的管理。(　　)

A. 正确　　　　　　　　B. 错误

302. 作为一名管理者，尤其要提高自己抵抗挫折的能力，应该以更加平常的心态来对待工作和生活中的挫折。(　　)

A. 正确　　　　　　　　B. 错误

303. 做计划的基本程序具体包括：①调查研究，发现问题；②确立目标；③计划拟定；④计划的制订。(　　)

A. 正确　　　　　　　　B. 错误

304. 做计划的基本程序是先谋后断。(　　)

A. 正确　　　　　　　　B. 错误

305. 做计划的原则是：增收节支，按质按量完成任务——体现企业使命。(　　)

A. 正确　　　　　　　　B. 错误

306. 做计划时，如果条件不具备，那么计划的标准可以适当地定得更切合实际一些。(　　)

A. 正确　　　　　　　　B. 错误

307. 管理者要对被管理者的工作计划进行实时监控。(　　)

A. 正确　　B. 错误

308. 班组计划管理是确保企业高效运作的重要环节，涉及多个方面的策略和方法。(　　)

A. 正确　　B. 错误

309. 计划是管理的四大基本要素之一，包括预先决定要做什么、如何做、何时做、有谁做以及目标是什么等。(　　)

A. 正确　　B. 错误

310. 班组计划管理是一个全面的过程，涉及计划的制订、员工培训与发展、技能提升、管理策略、绩效管理和制度建设等多个方面。(　　)

A. 正确　　B. 错误

311. 班组长在制订计划时，需要考虑到上级的支持和资源分配。(　　)

A. 正确　　B. 错误

312. 班组长在制订计划时，应考虑如何通过具体环节来评估和提升班组的整体表现。(　　)

A. 正确　　B. 错误

313. 在制订计划时，班组长需要考虑如何通过建立有效的制度和流程来支持计划的执行。(　　)

A. 正确　　B. 错误

314. 计划式管理强调对任何事情或工作都要有计划、有步骤、有重点、统筹合理地安排，以顺利达到预定目标。(　)

A. 正确　　　　B. 错误

315. 项目进度计划管理是计划管理在项目管理中的应用，包括明确目标与范围、定义项目组织结构、分解工作活动并排序等步骤。(　)

A. 正确　　　　B. 错误

316. 班组的班前会是企业基层管理的重要组成部分，主要目的是确保工作的顺利进行和员工的安全。(　)

A. 正确　　　　B. 错误

317. 班前会的目的是提供一个集中讨论和沟通的平台，确保工作场所的顺利运行。(　)

A. 正确　　　　B. 错误

318. 班前会的主要内容包括交代当天的工作任务、安排安全工作活动、设定安全标准和工作目标、计划各时间段的工作进度、讲解工作时的安全注意事项和安全技术操作要领等。(　)

A. 正确　　　　B. 错误

319. 班前会还应突出“三交”和“三查”，并根据当班生产任务的特点、设备运行状况、作业环境进行相应的准备。(　)

A. 正确　　　　B. 错误

320. 班前会不仅能够有效地传达生产任务和安排工作任务，还能加强团队协作和生产效率。(　)

A. 正确　　B. 错误

321. 班前会是提高管理人员领导能力、组织能力、表达能力、指挥能力、策划能力的重要途径。(　)

A. 正确　　B. 错误

322. 班前会是施工安全工作的基础，对于提高工作效率和保障员工安全具有重要意义。(　)

A. 正确　　B. 错误

323. 班前会的一个重要目的是传达上一班次的工作情况，这有助于员工了解团队的整体进展和存在的问题。(　)

A. 正确　　B. 错误

324. 通过考核员工的签到情况，班前会可以确保所有员工都已按时到达工作岗位，这对于维持工作纪律和效率至关重要。(　)

A. 正确　　B. 错误

325. 通过班前会，员工可以学习和理解公司的各项规章制度，这对于提高工作效率和遵守公司政策非常重要。(　)

A. 正确　　B. 错误

326. 班前会是布置当天工作任务的重要场合，班组长需要根据实际情况合理分配任务，确保每个员工都清楚自己的工作内容

和目标。(　　)

A. 正确　　　　B. 错误

327. 班前会包括对班组岗位知识和技能的培训以及检查，确保员工具备完成当天工作的必要知识和技能。(　　)

A. 正确　　　　B. 错误

328. 班前会是传达公司最新通知、会议精神等信息的重要渠道，有助于保持团队成员之间的沟通和信息同步。(　　)

A. 正确　　　　B. 错误

329. 班前会是一个多方面的活动，不仅包括了对上一班次工作的总结和反馈，也涵盖了对当前班次任务的布置和准备。(　　)

A. 正确　　　　B. 错误

330. 班前会包括了对员工知识和技能的培训，以及对公司最新政策的学习。这些步骤共同构成了班前会的核心内容，旨在确保每个员工都能以最佳状态投入当天的工作中。(　　)

A. 正确　　　　B. 错误

331. 班前会不仅仅是简单的信息传达，更是一种管理和教育的手段。(　　)

A. 正确　　　　B. 错误

332. 班前会的内容和形式需要根据不同的行业特点进行调整。(　　)

A. 正确　　　　B. 错误

333. 通过明确会议目的和议题、提前准备和共享信息、鼓励员工分享和反馈、进行工作安排和培训，以及使用工具引导参与等策略，可以有效地组织和开展班前会，确保会议的高效性和员工的积极参与。（　）

A. 正确　　B. 错误

334. 班前会在提升员工安全意识方面起到了核心作用，通过安全教育、风险识别、安全宣誓等多种形式的具体实施策略，有效地增强了员工的安全意识和自我保护能力。（　）

A. 正确　　B. 错误

335. 通过有计划、有目的地组织班组内部学习，促进班组成员掌握新知识和新技术，提高班组的学习力、创新力和凝聚力，这表明班组计划管理不仅包括生产任务的安排，还包括对员工技能提升和团队建设的规划。（　）

A. 正确　　B. 错误

336. 班组长在工作中有计划、有目标、有时限地进行工作安排，这样可以提高员工的参与意识和积极性。（　）

A. 正确　　B. 错误

337. 如果班组长欠缺目标管理能力，这样会导致计划、目标的双重紊乱，给企业的生产经营带来很大的阻碍。（　）

A. 正确　　B. 错误

338. 班组会议也是班组长管理班组的重要工具，是治班管班的利

器。(  )

A. 正确　　B. 错误

339. 班组会是班组内部交流信息的重要工具，是班组长安排工作的重要形式。(  )

A. 正确　　B. 错误

340. 开班组会纯粹是走过场、浪费时间，开不开无所谓。(  )

A. 正确　　B. 错误

341. 开会其实是利用大家的力量，群策群力，团队协作，共同解决问题。(  )

A. 正确　　B. 错误

342. 班组长要学会充分地利用班组会议的机会，讨论班组的重大事项，解决一些班组内的具体问题。(  )

A. 正确　　B. 错误

343. 班组会议重要的是要解决问题而不是讨论问题。解决就是要有结论，而不是单纯讨论。(  )

A. 正确　　B. 错误

344. 会议开始前的准备和会议结束后的跟踪，这两点是最容易被忽视的。但是，它们却是关系会议成败的关键，也是能否真正解决问题的关键。(  )

A. 正确　　B. 错误

345. 班组的会议一般时间都很紧张，因而议题不能太多。(  )

A. 正确　　　　　　　　　B. 错误

346. 开会之后的跟踪和落实比会议本身更重要。(　　)

A. 正确　　　　　　　　　B. 错误

347. 在准备会议之前，班组长对会议的流程、议程、参加人、主持人、会议地点及设施、会议记录人、会议目的和结果，都应当有一个全面的了解，才能更好地准备会议。(　　)

A. 正确　　　　　　　　　B. 错误

348. 在确定参加会议的人员时，应做到“该参加的一个不少，不该参加的一个不多”，以保证班组会议的实效性。(　　)

A. 正确　　　　　　　　　B. 错误

349. 班组会议的主持人一般都是班组长，但也可以由班组长指定，或是某些特定会议下的特定主持人。(　　)

A. 正确　　　　　　　　　B. 错误

350. 班组长需要在准备时考虑到议题顺序编排的后果，应当以最能节约时间、缩短会程和最能促成会议达成目标的议程为最佳。(　　)

A. 正确　　　　　　　　　B. 错误

351. 一般来说，凡传达文件的会议，事先要研究好贯彻执行的意见；汇报性的会议，要事先把材料、数据和本部门意见准备好；讨论方案、规划、法令、政策、制度的会议，会前应将讨论稿或提纲发给大家，以方便大家提前了解。(　　)

A. 正确　　　　　　　　　　B. 错误

352. 班组长会前要对会议上班员们可能说出的话、提出的意见和大家的反应作出预估，并准备好如何应答和回复，以达到既定的目的。(　　)

A. 正确　　　　　　　　　　B. 错误

353. “不开没有准备的会”应该成为班组长的一条准则。(　　)

A. 正确　　　　　　　　　　B. 错误

354. 对于班组的班会来说，大部分是例行的会议，比如班前会、班后会、早会、晚会等，对于目的的要求不需要太明确，有时候甚至没有目的也要开会。故而只需简单地准备一下内容，就可以召开了。(　　)

A. 正确　　　　　　　　　　B. 错误

355. 会议的准备主要是主题的准备，步骤为：收集相关信息—分析整理信息—提出目标主题—确定会议主题。(　　)

A. 正确　　　　　　　　　　B. 错误

356. 班组长要建立会议事后追踪程序，对于会议中一些待追踪事项，要及时跟进，如有意外，可及时发现、适时调整，确保各项会议决议的按期完成。(　　)

A. 正确　　　　　　　　　　B. 错误

357. 对会议意见一边倒的情况，应及时增加民主气氛，解除其心理负担；对“事不关己”者和“以沉默表示反抗”的人，应

给予激励，让其理顺情绪。(　)

A. 正确　　B. 错误

358. 班组长传达公司政策时，应将代表公司理念的信息原封不动地进行传达，不能加入过多的个人理解，否则容易偏离公司的政策。因此，公布公司政策可采用照原文宣读的方式。(　)

A. 正确　　B. 错误

359. 班组长一定要在深入、全面地了解决策内容和意义的基础上，加入个人的理解，用通俗的语言传达给下属，需要解释决策产生的前因后果，并关注员工的情绪及反馈，做好思想工作。(　)

A. 正确　　B. 错误

360. 班组长对相关政策整个内容传达清楚后，可以通过当场询问几位员工来确认他们的理解程度。(　)

A. 正确　　B. 错误

361. 班组长是会议的主持人，也是班组的领导者，很多时候要通过会议报告、主持甚至演讲的方式来对职工进行宣传鼓动。(　)

A. 正确　　B. 错误

362. 一个优秀的班组长应该是一个演说家，深谙鼓动的技巧，语言富有感染力，达到激励士气、激发热情的目的，使会议更

富有成效。(　)

A. 正确　　　　　　　　B. 错误

363. 班组长面对的听众是职工群众，因此要求所讲的语言首先不能太抽象，而必须通俗生动，深入浅出；其次要讲究语言的有效性。(　)

A. 正确　　　　　　　　B. 错误

364. 班组长开会时要达到鼓动的目的，适当地煽情是必要的。(　)

A. 正确　　　　　　　　B. 错误

365. 班前会，顾名思义，就是上班之前召开的会议。各班组在正式上岗前，由班组长主持、班组员工参加，以班组为单位集合召开的工作会议。(　)

A. 正确　　　　　　　　B. 错误

366. 班前会是企业基层管理的重要组成部分，是基层班组长向下属传达上层的指示、布置工作任务、检讨工作绩效、指导岗位技能、抓好岗位安全的主要途径，同时也是提高班组长及班组员工各项能力的有效方法。(　)

A. 正确　　　　　　　　B. 错误

367. 班前会是班组长向下属进行工作教导、激发工作热情、激励团队士气的手段。(　)

A. 正确　　　　　　　　B. 错误

368. 班前会因为在上班前召开，因而一般都相对简短，时间控制在10～15分钟，说的事情也相对具体而实在，注重高效率和实际效果，而且有很强的程序化、规则化、固定化和仪式化特征。(　)

A. 正确　　B. 错误

369. 班前会就是班组长激励员工士气的一个最好的平台，班组长要抓住这个平台，对团队起到激励作用。(　)

A. 正确　　B. 错误

370. 每天的班前会，对于班组长的领导能力也是一种有效的锻炼方法。(　)

A. 正确　　B. 错误

371. 组织目标的分解是一个有效实现班组组织目标的途径。(　)

A. 正确　　B. 错误

372. 任何一个组织的存在都有其目的性。(　)

A. 正确　　D. 错误

373. 按照计划的明确性程度，可分为指导性计划和具体计划。(　)

A. 正确　　B. 错误

374. 班前会是基层班组作业施工必备的“一课”，具有时间短、职工接受效率高、内容精练等优点。(　)

A. 正确　　B. 错误

375. 开好班前会，对提高生产实效、保障安全和环保有着重要作用。(　)

A. 正确　　B. 错误

376. 班前会时间较短，内容集中，针对性强，形式灵活多样，最贴近生产，能及时对上一班组存在的问题给予总结分析，具有较强的可操作性，对于安全生产具有不容忽视的重要作用。(　)

A. 正确　　B. 错误

377. 目标分解是上情与下情有机结合的过程。(　)

A. 正确　　B. 错误

378. 目标分解是分工与协作的统一。(　)

A. 正确　　B. 错误

379. 组织目标的实现是目标分解与协作的过程。(　)

A. 正确　　B. 错误

380. 控制是改进管理的方法。(　)

A. 正确　　B. 错误

381. 任何管理活动或管理工作都需要有一个要达成的具体目标。(　)

A. 正确　　B. 错误

382. 班组计划源于企业总体计划。(　)

A. 正确　　B. 错误

383. 计划是有层次的，越是上层的计划涵盖的幅度越大。(　)

A. 正确　　B. 错误

384. 作业计划不属于行动计划。(　)

A. 正确　　B. 错误

385. 具体计划有明确规定的目标和一套可实际操作的方案。(　)

A. 正确　　B. 错误

386. 班组长在制订班组计划时，不用把握每一个流程的关键点。(　)

A. 正确　　B. 错误

387. 派生计划是班组计划的细化，是完成班组计划的支撑。(　)

A. 正确　　B. 错误

388. 总计划是班组的指令性计划。(　)

A. 正确　　B. 错误

389. 循序渐进法根据运营情况可以整体提高指标值，增加实现目标的难度。(　)

A. 正确　　B. 错误

390. 标杆管理法是以能力弱者为目标设定的标准。(　)

A. 正确　　B. 错误

391. 在目标管理的过程中，制定的目标是否客观、合理、可行和有效，关系到目标管理的时效性。(　)

A. 正确　　B. 错误

392. 企业已经制定了各种门类齐全的制度，班组制度建设可有可无。(　)

A. 正确　　B. 错误

393. 班组制度指的是在公司制度要求下，由班组全员参与制定的适合本班组特色，便于执行和操作的细化的制度。(　)

A. 正确　　B. 错误

394. 班组制度是对企业运行制度的一个细化和补充。(　)

A. 正确　　B. 错误

395. 企业制度侧重于落实，班组制度侧重于提要求。(　)

A. 正确　　B. 错误

396. 企业制度一般多为柔性的要求，班组制度侧重于操作性。(　)

A. 正确　　B. 错误

397. 企业制度是由上而下的政策命令，必须遵照执行。(　)

A. 正确　　B. 错误

398. 班组制度的制定，更加具有自主性以及灵活性，是班组成员群策群力、全员参与、共同商定的结果。(　)

A. 正确　　B. 错误

399. 班组制度侧重于实践和预测，因此班组制度不是泛泛地谈概念和要求，而是非常具体和细化。(　)

A. 正确　　B. 错误

400. 制度是班组管理的前提，是班组运行的轨道，制度建设是班组建设的基础内容之一。(　)

A. 正确　　B. 错误

401. 对于班组来说，缺的不是制度的执行，而是制度。(　)

A. 正确　　B. 错误

402. 班组在组织中的定位是执行层，因此其制度要求一定要细化、具体，可操作、可执行。(　)

A. 正确　　B. 错误

403. 班组制度多集中在业务层面。(　)

A. 正确　　B. 错误

404. 班组各项管理制度多为行政处罚、约束型制度。(　)

A. 正确　　B. 错误

405. 班组标准化建设是班组从无序走向有序的过程，实现班组工作的程序化、流程化、规范化。(　)

A. 正确　　B. 错误

406. 制度管理在未形成标准化的阶段，只有个别优秀的员工能创造高绩效，同时整个班组的绩效较高。(　)

A. 正确　　B. 错误

407. 目标管理特征就是以“实践”作为各项管理活动的指向针，并以实现目标的快慢来评定其贡献大小。(　)

A. 正确　　B. 错误

408. 组织目标管理是一种在组织中自上而下系统设立和开展目标，从高层到低层逐渐具体化，对组织活动进行调节和控制，谋求高效地实现目标的管理方法。(    )

A. 正确　　B. 错误

409. 车间计划比班组计划更具体，它将计划落实到个人，明确规定每一个工作日班组的工作任务。(    )

A. 正确　　B. 错误

410. 总结昨天的工作是班前会的内容之一。(    )

A. 正确　　B. 错误

411. 传达今天的生产计划和基本活动是班前会的内容之一。(    )

A. 正确　　B. 错误

412. 企业指示事项的转达是班前会的内容之一。(    )

A. 正确　　B. 错误

413. 如果班组内有轮班或上班时间不一致，就没有必要把班前会事项传达到下一班次。(    )

A. 正确　　B. 错误

414. 班前会在现场管理中没有占据重要的位置，所以即使占用了工作时间也没有必要坚持实施。(    )

A. 正确　　B. 错误

415. 有利于团队精神的建设是推行班前会的好处之一。(    )

A. 正确　　B. 错误

416. 能产生良好的精神面貌是推行班前会的好处之一。( )

A. 正确 B. 错误

417. 提高工作布置效率是推行班前会的好处之一。( )

A. 正确 B. 错误

418. 目标管理是计划管理，也有人说目标管理是任务管理。( )

A. 正确 B. 错误

419. 所谓目标管理，就是依据制定的计划目标而实施的管理措施，也称为管理目标。( )

A. 正确 B. 错误

420. 目标管理不需要企业全体员工的共同参与，公司取得的成功与公司员工个人无关。( )

A. 正确 B. 错误

421. 目标管理理论的理论基础是科学管理理论与行为科学理论的有效统一。( )

A. 正确 B. 错误

422. 目标管理的目的就是通过目标的激励来调动广大员工的积极性，从而保证实现总目标。( )

A. 正确 B. 错误

423. 目标管理把实现组织目标所要做的工作以及做这些工作的人结合起来，高度重视人与工作的有机结合。( )

A. 正确 B. 错误

424. 目标管理是一种参与的、民主的、自我控制的管理方法，也是一种把个人需求和组织目标结合起来的管理方法。(　　)

A. 正确　　　　B. 错误

425. 企业制定出目标之后，就需要进行目标管理。(　　)

A. 正确　　　　B. 错误

426. 组织目标管理根据目标最终的承担主体划分，可以将目标管理分为组织目标管理和岗位目标管理。(　　)

A. 正确　　　　B. 错误

427. 目标管理的过程一般包括目标的规划、目标的实施以及目标成果的评价三个阶段。(　　)

A. 正确　　　　B. 错误

428. 目标的制定是目标管理的次要阶段，也是普通的准备阶段。(　　)

A. 正确　　　　B. 错误

429. 组织的目标体系一经确定，各个层次、各部门的成员为达成分目标，必须从事一定的活动，上下协调一致，对自己所承诺的目标负责，把目标付诸实施。(　　)

A. 正确　　　　B. 错误

430. 当目标和相应的权利有机结合，成员便会产生强烈的与权利相适应的责任心，从而能充分发挥他们的判断能力和创造能力，使目标执行活动有效地进行。(　　)

A. 正确　　　　　　　　　　B. 错误

431. 目标管理的基本思想就是整体及部门的目标与组织的整体目标结合起来，整体及部门应对自己所承诺的目标负责。(　)

A. 正确　　　　　　　　　　B. 错误

432. 目标管理是一个系统化的管理，总目标和分目标、分目标与其他分目标之间需要保持均衡和协调。(　)

A. 正确　　　　　　　　　　B. 错误

433. 班组目标的设置，应包括相关的子目标，主要内容有数字因素目标、质量因素目标、成本因素目标和时限因素目标等。(　)

A. 正确　　　　　　　　　　B. 错误

434. 目标管理从目标的制定、目标的实施，到目标的成果评价，都不需要员工的参与。(　)

A. 正确　　　　　　　　　　B. 错误

435. 班组目标管理也是动员、依靠、相信班组成员的非民主的管理过程。(　)

A. 正确　　　　　　　　　　B. 错误

436. 目标管理有助于企业整个层次推行分权式管理，促进整层级管理者按照完成的目标所需要的分级授权。(　)

A. 正确　　　　　　　　　　B. 错误

437. 目标管理本身是一种系统的管理方法，管理以实践作为指导

方针，要求企业各个层级上下都要预先建立目标。(　)

A. 正确　　B. 错误

438. 班组目标管理是企业目标最基本的分解和实施单位。(　)

A. 正确　　B. 错误

439. 目标管理强调企业各个部门、各个层次建立可考核的、定量的目标，但有些目标很难定量、较难考核或时效较长，增加了设置较为稳定、可持续目标的困难程度。(　)

A. 正确　　B. 错误

440. 目标管理所确定的目标虽然涉及企业的决策层、执行层和操作层的各个层级、各个部门的各个岗位，但无法把组织所必须做的所有工作都包括在其中。(　)

A. 正确　　B. 错误

441. 程序是处理活动的一种必要的方法，班组目标管理需要科学的程序或步骤。(　)

A. 正确　　B. 错误

442. 制定班组目标需要根据上一级单位或部门确定的目标，制定出班组目标但无须制作个人目标。(　)

A. 正确　　B. 错误

443. 班组根据上级的方针和目标制订自己的目标方案，既是分解目标，也是建立班组目标体系的过程。(　)

A. 正确　　B. 错误

444. 目标实施过程中，要经常有工作人员检查和控制目标的执行情况，看看是否有偏离计划的情况出现。(　　)

A. 正确　　B. 错误

445. 当目标总完不成或换谁都难以完成时，则应该重新考虑目标设置的科学性或可行性。(　　)

A. 正确　　B. 错误

446. 目标管理评价后的反馈是对整个目标完成后最终效果的一个反思、总结和改进处理的过程。(　　)

A. 正确　　B. 错误

447. 借鉴管理理论的效果反馈机制，即对比班组预期目标及班组成员工作的实际效果，找出两者之间的差异，查找不足，总结典型经验，推动目标管理良性可持续地开展。(　　)

A. 正确　　B. 错误

448. 关键业绩指标是衡量部门或岗位发展目标预测情况的绩效考核指标，其目的是建立一种机制。(　　)

A. 正确　　B. 错误

449. 循序渐进法是在未来业绩能力的基础上，分阶段地分别设立目标。(　　)

A. 正确　　B. 错误

450. 职工奖惩制度是班组管理制度的核心。(　　)

A. 正确　　B. 错误

451. 岗位责任制对稳定生产秩序、提高劳动生产率有着十分重要的作用。(　　)

A. 正确　　　　B. 错误

452. 规章制度不是一种行为规范，它的每一条款必然不会在人的行为中反映出来。(　　)

A. 正确　　　　B. 错误

453. 企业的基础管理不具有先行性。(　　)

A. 正确　　　　B. 错误

454. 企业的组织管理水平以及企业的生存与发展依靠基础管理工作。(　　)

A. 正确　　　　B. 错误

455. 一套行之有效运行班组活动的规则体系是班组长履职的基础与依据。(　　)

A. 正确　　　　B. 错误

456. 班组基础管理就是以企业基础管理为基础，建立行为规范，调动和整合资源的过程。(　　)

A. 正确　　　　B. 错误

457. 班组基础管理作为企业基础管理的重要组成部分，具有很强的基础性、实践性和科学性。(　　)

A. 正确　　　　B. 错误

458. 目标明确是成为卓越班组长的一个最重要和最起码的前

提。(　)

A. 正确　　B. 错误

459. 正确的目标管理是统筹兼顾，重视结果，不重视过程，发现并解决过程中的问题。(　)

A. 正确　　B. 错误

460. 班组计划是班组目标实现的基础，规定着班组目标实现的行为。(　)

A. 正确　　B. 错误

461. 班组目标是班组计划的前提，它规定了班组计划的指向。(　)

A. 正确　　B. 错误

462. 班组计划的具体性体现在班组计划的切实可行性上。(　)

A. 正确　　B. 错误

463. 班组计划中要有客观实在的评价标准，并且评价标准要易于执行。(　)

A. 正确　　B. 错误

464. 工作中，任何组织行为都需要予以控制。(　)

A. 正确　　B. 错误

465. 控制是班组管理的一项重要职能。(　)

A. 正确　　B. 错误

466. 管理控制应该讲究效益与效率。(　)

A. 正确　　　　　　　　B. 错误

467. 班组各项管理制度是班组控制的制度基础。(　　)

A. 正确　　　　　　　　B. 错误

468. 反馈控制是指在某一行动和任务完成之后，将实际结果进行比较，从而对下一步行动的进行产生影响，起到控制的作用。(　　)

A. 正确　　　　　　　　B. 错误

469. 反馈控制是对计划决策在实施过程中的每一步骤所引起的客观效果，能够及时作出反应，并据此调整、修改下一步的实施方案。(　　)

A. 正确　　　　　　　　B. 错误

470. 班组计划的特点还体现在班组计划富有弹性。(　　)

A. 正确　　　　　　　　B. 错误

471. 产品开发不是生产班组的工作职责。(　　)

A. 正确　　　　　　　　B. 错误

472. 确定生产计划指标是制订生产计划的中心内容。(　　)

A. 正确　　　　　　　　B. 错误

473. 生产计划是一种想象中的计划，是没有经过实践检验的空想。(　　)

A. 正确　　　　　　　　B. 错误

474. 生产计划在采纳之前，是计划工具的一种。(　　)

A. 正确　　　　　　　　　B. 错误

475. 布置任务、给班组成员安排工作属于班前会内容。(　)

A. 正确　　　　　　　　　B. 错误

476. 最有效地提升员工执行力的方法是做目标管理。(　)

A. 正确　　　　　　　　　B. 错误

477. 管理就是维持与改善。(　)

A. 正确　　　　　　　　　B. 错误

478. 开班前会时，针对各种问题，一定要严厉批评，及时教育。(　)

A. 正确　　　　　　　　　B. 错误

479. 交接班制度是指在连续生产岗位，下班员工与接班员工对生产进度、设备运行、温度、压力以及要害部位的状况等情况的交接。(　)

A. 正确　　　　　　　　　B. 错误

480. 班前会要严厉批评昨天工作不认真的员工。(　)

A. 正确　　　　　　　　　B. 错误

481. 班后会的时间要比班前会的时间长，越长越好。(　)

A. 正确　　　　　　　　　B. 错误

482. 计划可以为组织成员指明行动方向，协调整个班组的活动。(　)

A. 正确　　　　　　　　　B. 错误

483. 计划可以消除浪费、提高效率。(　)

A. 正确　　B. 错误

484. 计划可以提供管理标准，便于班组长进行管理控制。(　)

A. 正确　　B. 错误

485. 作业计划包括两方面，即作业计划本身和组织计划的实现。(　)

A. 正确　　B. 错误

486. 班组目标是班组计划的前提。(　)

A. 正确　　B. 错误

487. 班组计划是班组目标实现的基础。(　)

A. 正确　　B. 错误

488. 班组是企业最基层的作业单位。(　)

A. 正确　　B. 错误

489. 健全班组各项管理制度，严格考核，公平、公正，人们自然会心服口服，班组管理也会井井有条。(　)

A. 正确　　B. 错误

490. 绩效管理制度的制定主要考虑人力资源管理部门的意见，不需要考虑班组员工的意见。(　)

A. 正确　　B. 错误

491. 在班组绩效管理机构成立的同时，还需要设置相应的管理制度、管理模式等，以保障绩效管理机构工作的落实。(　)

A. 正确　　　　　　　　B. 错误

492. 推进班组管理是选定班组管理的某个方面，可以是对人的管理，也可以是对物的管理，如某项管理制度、某件事情的流程、管理手段、管理方法等。(　)

A. 正确　　　　　　　　B. 错误

493. 班组长作为一线的管理者，是贯彻企业制度、措施的桥梁与纽带，是传达各级精神指示的中间环节。(　)

A. 正确　　　　　　　　B. 错误

494. 班组长没有权力制定班组工作的制度管理实施细则。(　)

A. 正确　　　　　　　　B. 错误

495. 班组长是生产一线的监督员与管理员，需要对公司和班组的各项规章制度的执行情况进行监督检查，对制度的执行情况进行验证，及时发现问题，采取措施，确保各项规章制度的严格落实。(　)

A. 正确　　　　　　　　B. 错误

496. 公平、公正意味着程序上的公平、公正，如对员工的奖惩要特别强调有据可依；意味着制度面前人人平等，立足点是用制度管人。(　)

A. 正确　　　　　　　　B. 错误

497. 在激励过程中，班组长要按照制度、文件做事，这样才能标准一致。如果相关制度还未形成，要公示出来，争取得到组

员的认可。(    )

A. 正确　　B. 错误

498. 如果制度经常变，组员会怀疑制度的公信力；如果不变，往往又会不适用最新的情况。(    )

A. 正确　　B. 错误

499. 班组设备使用管理包括制定操作规程以保证班组成员正常操作设备，做好精度校正，制定交接班制度等。(    )

A. 正确　　B. 错误

500. 职工代表大会制度是我国法定的企业民主管理的基本形式。(    )

A. 正确　　B. 错误

501. 目标管理是以管理心理学中的“Y 理论”为基础的，即认为在目标明确的条件下，人们能够对自己负责。(    )

A. 正确　　B. 错误

502. 目标管理的理论依据是心理学与组织行为学中的目标论，即任何一个组织系统层层地制定目标并强调目标成果的评定，都可以改进组织的工作效率和员工的满意程度。(    )

A. 正确　　B. 错误

503. 目标管理特征就是以目标作为各项管理活动的指南，并以实现目标的程度来评定贡献大小。(    )

A. 正确　　B. 错误

504. 目标管理法是绩效管理的方法之一。(　)

A. 正确　　B. 错误

505. 班组长在进行目标管理时只要做到：识别员工的核心工作，责任到人；给每个工作设立明确的挑战性目标就可以了。(　)

A. 正确　　B. 错误

506. 目标管理强调是以成果为目标的管理。(　)

A. 正确　　B. 错误

507. 班组进行目标管理时要准确理解企业的目标，为保证大目标的完成设立班组目标。(　)

A. 正确　　B. 错误

508. 数量因素目标、质量因素目标、时限因素目标和成本因素目标这四个方面的内容可以构成该项目标的基本框架。(　)

A. 正确　　B. 错误

509. 运用细化的目标可以推动目标管理进程。(　)

A. 正确　　B. 错误

510. 目标管理的基本步骤中的执行目标是指要经常检查和控制目标的执行情况和完成情况，看看在实施过程中是否出现偏差。(　)

A. 正确　　B. 错误

511. 采购计划执行的重点在于资源。(　)

A. 正确　　　　　　　　　　B. 错误

512. 目标管理法主张上级不充分授权，下级根据统一的目标进行自主管理。(　　)

A. 正确　　　　　　　　　　B. 错误

513. 目标管理法中可以出现不能衡量的目标，不能出现不能量化的目标。(　　)

A. 正确　　　　　　　　　　B. 错误

# 参考答案

## 单项选择题

| | | | | |
|---|---|---|---|---|
| 1. A | 2. B | 3. A | 4. B | 5. B |
| 6. A | 7. D | 8. B | 9. C | 10. C |
| 11. C | 12. D | 13. B | 14. C | 15. C |
| 16. A | 17. B | 18. B | 19. A | 20. D |
| 21. A | 22. B | 23. A | 24. B | 25. D |
| 26. C | 27. B | 28. D | 29. A | 30. C |
| 31. B | 32. A | 33. C | 34. B | 35. D |
| 36. A | 37. D | 38. B | 39. C | 40. A |
| 41. A | 42. A | 43. A | 44. D | 45. A |
| 46. B | 47. C | 48. D | 49. A | 50. B |
| 51. B | 52. D | 53. B | 54. C | 55. D |
| 56. B | 57. B | 58. B | 59. A | 60. B |
| 61. C | 62. D | 63. C | 64. C | 65. D |
| 66. A | 67. A | 68. B | 69. B | 70. A |
| 71. C | 72. C | 73. D | 74. A | 75. C |
| 76. A | 77. B | 78. B | 79. D | 80. C |
| 81. A | 82. D | 83. D | 84. C | 85. D |
| 86. B | 87. C | 88. D | 89. B | 90. D |

| | | | | |
|---|---|---|---|---|
| 91. A | 92. B | 93. D | 94. B | 95. B |
| 96. B | 97. A | 98. A | 99. C | 100. B |
| 101. B | 102. A | 103. A | 104. A | 105. C |
| 106. D | 107. A | 108. C | 109. B | 110. D |
| 111. C | 112. A | 113. A | 114. B | 115. B |
| 116. A | 117. B | 118. B | 119. C | 120. B |
| 121. B | 122. B | 123. A | 124. C | 125. A |
| 126. A | 127. B | 128. D | 129. D | 130. B |
| 131. B | 132. A | 133. A | 134. B | 135. B |
| 136. B | 137. B | 138. D | 139. A | 140. B |
| 141. B | 142. A | 143. D | 144. B | 145. C |
| 146. B | 147. C | 148. C | 149. C | 150. C |
| 151. B | 152. B | 153. B | 154. D | 155. C |
| 156. A | 157. A | 158. C | 159. B | 160. C |
| 161. D | 162. A | 163. A | 164. C | 165. C |
| 166. B | 167. D | 168. A | 169. B | 170. C |
| 171. C | 172. B | 173. A | 174. C | 175. D |
| 176. D | 177. A | 178. D | 179. D | 180. C |
| 181. A | 182. C | 183. B | 184. B | 185. B |
| 186. A | 187. C | 188. C | 189. B | 190. B |
| 191. D | 192. D | 193. B | 194. C | 195. D |

| | | | | |
|---|---|---|---|---|
| 196. D | 197. A | 198. A | 199. D | 200. C |
| 201. B | 202. D | 203. C | 204. D | 205. A |
| 206. D | 207. B | 208. C | 209. D | 210. A |
| 211. A | 212. A | 213. C | 214. C | 215. A |
| 216. A | 217. D | 218. B | 219. D | 220. A |
| 221. D | 222. D | 223. A | 224. B | 225. D |
| 226. D | 227. B | 228. C | 229. B | 230. B |
| 231. B | 232. D | 233. D | 234. C | 235. A |
| 236. B | 237. C | 238. D | 239. D | 240. C |
| 241. B | 242. A | 243. A | 244. B | 245. C |
| 246. A | 247. B | 248. B | 249. B | 250. A |
| 251. C | 252. B | 253. C | 254. B | 255. B |
| 256. D | 257. A | 258. B | 259. B | 260. B |
| 261. A | 262. B | 263. A | 264. D | 265. C |
| 266. B | 267. B | 268. C | 269. C | 270. B |
| 271. A | 272. B | 273. C | 274. A | 275. C |
| 276. A | 277. A | 278. B | 279. C | 280. B |
| 281. B | 282. A | 283. B | 284. D | 285. A |
| 286. A | 287. B | 288. B | 289. B | 290. C |
| 291. B | 292. A | 293. B | 294. C | 295. A |
| 296. A | 297. B | 298. D | 299. A | 300. C |

| | | | | |
|---|---|---|---|---|
| 301. B | 302. A | 303. C | 304. C | 305. C |
| 306. A | 307. A | 308. C | 309. A | 310. C |
| 311. B | 312. D | 313. B | 314. C | 315. C |
| 316. A | 317. A | 318. B | 319. C | 320. B |
| 321. D | 322. C | 323. B | 324. C | 325. C |
| 326. B | 327. C | 328. B | 329. C | 330. C |
| 331. D | 332. B | 333. B | 334. A | 335. B |
| 336. C | 337. C | 338. B | 339. A | 340. A |
| 341. D | 342. C | 343. A | 344. D | 345. C |
| 346. C | 347. C | 348. B | 349. B | 350. B |
| 351. B | 352. B | 353. B | 354. D | 355. A |
| 356. B | 357. A | 358. C | 359. C | 360. A |
| 361. C | 362. C | 363. B | 364. C | 365. C |
| 366. C | 367. A | 368. A | 369. C | 370. B |
| 371. B | 372. D | 373. D | 374. B | 375. B |
| 376. C | 377. A | 378. B | 379. A | 380. B |
| 381. B | 382. D | 383. C | 384. D | 385. C |
| 386. C | 387. B | 388. C | 389. D | 390. C |
| 391. D | 392. C | 393. C | 394. D | 395. B |
| 396. B | 397. B | 398. D | 399. A | 400. D |
| 401. A | 402. C | 403. D | 404. D | 405. C |

| | | | | |
|---|---|---|---|---|
| 406. A | 407. A | 408. C | 409. B | 410. C |
| 411. C | 412. A | 413. D | 414. A | |

## 多项选择题

| | | | |
|---|---|---|---|
| 1. ABC | 2. ABCD | 3. AD | 4. BCDE |
| 5. ABC | 6. ABC | 7. ABC | 8. ABC |
| 9. ABCD | 10. ABCD | 11. ABCDEF | 12. ABC |
| 13. ABCD | 14. ABCD | 15. ABCD | 16. ABCD |
| 17. ABCD | 18. ACD | 19. ABC | 20. ABCD |
| 21. ABC | 22. ABCD | 23. ABCD | 24. ABC |
| 25. ABD | 26. ABCD | 27. ABCD | 28. ABCD |
| 29. ABD | 30. ABCD | 31. ABCD | 32. ABCD |
| 33. ABC | 34. ABCD | 35. ABCDE | 36. BD |
| 37. AB | 38. ABCDEF | 39. ABCD | 40. AD |
| 41. ABD | 42. AD | 43. ABC | 44. ABCD |
| 45. ABD | 46. ABCD | 47. ABCD | 48. ABC |
| 49. ABCD | 50. ABC | 51. ABCD | 52. ABCD |
| 53. ABC | 54. AB | 55. ABCD | 56. ABC |
| 57. ABC | 58. ABCD | 59. ABCD | 60. ABCDEF |

| | | | |
|---|---|---|---|
| 61. ABCD | 62. ABCD | 63. ABC | 64. ABCD |
| 65. BD | 66. BCD | 67. ABCE | 68. ABCDE |
| 69. ABCD | 70. ACDE | 71. ABCD | 72. ABCDF |
| 73. ABC | 74. ABCD | 75. ABD | 76. ABCD |
| 77. BCD | 78. ABCE | 79. ABCD | 80. ACD |
| 81. AD | 82. ABC | 83. ABCD | 84. ABCD |
| 85. ABCD | 86. ABCD | 87. BD | 88. ABC |
| 89. ABCD | 90. ABCD | 91. ABDE | 92. ABCD |
| 93. ABCD | 94. ABC | 95. BCD | 96. ABCD |
| 97. ABC | 98. ABCD | 99. ABC | 100. ABCD |
| 101. ABCD | 102. ABCE | 103. ABCD | 104. ABC |
| 105. AC | 106. ACDE | 107. ABCD | 108. ABCD |
| 109. BCD | 110. ABCDE | 111. ABC | 112. ABCD |
| 113. BCD | 114. ABCD | 115. ABCD | 116. ABCD |
| 117. ABCD | 118. ABCD | 119. ABCD | 120. ABCDE |
| 121. ABCDE | 122. ABD | 123. AB | 124. ACD |
| 125. ACD | 126. ABCD | 127. ABCD | 128. ABCD |
| 129. ABCD | 130. ABC | 131. ABCD | 132. ABCD |
| 133. ABCD | 134. ABC | 135. ABCD | 136. ABC |
| 137. ABC | 138. ABCDE | 139. ABCD | 140. ABC |
| 141. ABCD | 142. ABDE | 143. ABCDE | 144. AC |

| | | | |
|---|---|---|---|
| 145. ABCD | 146. ABC | 147. AB | 148. BCD |
| 149. ACDE | 150. ABCD | 151. ABCD | 152. ABC |
| 153. ABC | 154. AB | 155. ABCD | 156. ABCD |
| 157. ABC | 158. ABCD | 159. ABCD | 160. ABCD |
| 161. ABCD | 162. ABC | 163. ABCD | 164. ABC |

## 判断题

| | | | | |
|---|---|---|---|---|
| 1. A | 2. A | 3. A | 4. A | 5. A |
| 6. B | 7. B | 8. A | 9. A | 10. B |
| 11. A | 12. A | 13. B | 14. B | 15. A |
| 16. A | 17. A | 18. A | 19. B | 20. B |
| 21. B | 22. A | 23. A | 24. B | 25. A |
| 26. A | 27. A | 28. A | 29. A | 30. B |
| 31. B | 32. B | 33. B | 34. B | 35. A |
| 36. A | 37. A | 38. B | 39. A | 40. A |
| 41. A | 42. A | 43. A | 44. B | 45. A |
| 46. A | 47. A | 48. A | 49. A | 50. A |
| 51. A | 52. A | 53. A | 54. A | 55. B |
| 56. A | 57. A | 58. A | 59. A | 60. A |

| | | | | |
|---|---|---|---|---|
| 61. B | 62. A | 63. A | 64. A | 65. B |
| 66. A | 67. A | 68. A | 69. A | 70. A |
| 71. B | 72. A | 73. A | 74. A | 75. A |
| 76. A | 77. A | 78. A | 79. B | 80. A |
| 81. A | 82. A | 83. A | 84. B | 85. B |
| 86. A | 87. B | 88. A | 89. A | 90. A |
| 91. A | 92. B | 93. B | 94. B | 95. A |
| 96. B | 97. B | 98. B | 99. B | 100. B |
| 101. B | 102. B | 103. B | 104. B | 105. A |
| 106. A | 107. A | 108. A | 109. B | 110. A |
| 111. B | 112. B | 113. B | 114. A | 115. B |
| 116. A | 117. A | 118. A | 119. A | 120. A |
| 121. B | 122. A | 123. A | 124. A | 125. B |
| 126. A | 127. A | 128. B | 129. B | 130. B |
| 131. B | 132. A | 133. A | 134. A | 135. A |
| 136. B | 137. A | 138. A | 139. A | 140. A |
| 141. A | 142. A | 143. A | 144. A | 145. B |
| 146. B | 147. A | 148. A | 149. A | 150. B |
| 151. B | 152. B | 153. B | 154. A | 155. A |
| 156. A | 157. B | 158. B | 159. A | 160. A |
| 161. A | 162. B | 163. A | 164. A | 165. B |

| | | | | |
|---|---|---|---|---|
| 166. A | 167. A | 168. A | 169. B | 170. B |
| 171. A | 172. B | 173. B | 174. A | 175. A |
| 176. A | 177. A | 178. A | 179. A | 180. A |
| 181. A | 182. A | 183. B | 184. B | 185. A |
| 186. A | 187. B | 188. A | 189. B | 190. B |
| 191. A | 192. A | 193. A | 194. B | 195. A |
| 196. B | 197. B | 198. A | 199. A | 200. B |
| 201. B | 202. A | 203. A | 204. B | 205. B |
| 206. B | 207. A | 208. A | 209. B | 210. A |
| 211. A | 212. B | 213. A | 214. B | 215. A |
| 216. B | 217. A | 218. B | 219. A | 220. B |
| 221. B | 222. A | 223. B | 224. A | 225. A |
| 226. B | 227. A | 228. B | 229. A | 230. B |
| 231. B | 232. A | 233. A | 234. A | 235. B |
| 236. B | 237. A | 238. B | 239. B | 240. A |
| 241. B | 242. A | 243. A | 244. A | 245. A |
| 246. B | 247. A | 248. A | 249. A | 250. A |
| 251. B | 252. A | 253. A | 254. A | 255. A |
| 256. B | 257. A | 258. A | 259. A | 260. A |
| 261. A | 262. A | 263. A | 264. B | 265. A |
| 266. A | 267. A | 268. B | 269. A | 270. A |

| | | | | |
|---|---|---|---|---|
| 271. B | 272. A | 273. B | 274. B | 275. A |
| 276. A | 277. B | 278. A | 279. A | 280. B |
| 281. A | 282. B | 283. A | 284. A | 285. A |
| 286. A | 287. A | 288. B | 289. A | 290. B |
| 291. A | 292. A | 293. A | 294. A | 295. A |
| 296. A | 297. A | 298. B | 299. A | 300. A |
| 301. A | 302. A | 303. A | 304. A | 305. A |
| 306. A | 307. A | 308. A | 309. A | 310. A |
| 311. A | 312. A | 313. A | 314. A | 315. A |
| 316. A | 317. A | 318. A | 319. A | 320. A |
| 321. A | 322. A | 323. A | 324. A | 325. A |
| 326. A | 327. A | 328. A | 329. A | 330. A |
| 331. A | 332. A | 333. A | 334. A | 335. A |
| 336. A | 337. A | 338. A | 339. A | 340. B |
| 341. A | 342. A | 343. A | 344. A | 345. A |
| 346. A | 347. A | 348. A | 349. A | 350. A |
| 351. A | 352. A | 353. A | 354. B | 355. A |
| 356. A | 357. A | 358. B | 359. A | 360. A |
| 361. A | 362. A | 363. A | 364. A | 365. A |
| 366. A | 367. A | 368. A | 369. A | 370. A |
| 371. A | 372. A | 373. A | 374. A | 375. A |

| | | | | |
|---|---|---|---|---|
| 376. A | 377. A | 378. A | 379. A | 380. A |
| 381. A | 382. A | 383. A | 384. B | 385. A |
| 386. B | 387. A | 388. A | 389. B | 390. B |
| 391. B | 392. B | 393. A | 394. A | 395. B |
| 396. B | 397. A | 398. A | 399. A | 400. A |
| 401. B | 402. A | 403. A | 404. B | 405. A |
| 406. B | 407. B | 408. A | 409. B | 410. B |
| 411. A | 412. A | 413. B | 414. B | 415. A |
| 416. A | 417. A | 418. B | 419. A | 420. B |
| 421. A | 422. A | 423. A | 424. A | 425. A |
| 426. A | 427. B | 428. B | 429. A | 430. A |
| 431. B | 432. A | 433. A | 434. B | 435. B |
| 436. B | 437. B | 438. A | 439. A | 440. A |
| 441. A | 442. B | 443. A | 444. A | 445. A |
| 446. A | 447. A | 448. B | 449. B | 450. B |
| 451. A | 452. B | 453. B | 454. A | 455. A |
| 456. A | 457. B | 458. A | 459. B | 460. A |
| 461. A | 462. A | 463. A | 464. A | 465. A |
| 466. A | 467. A | 468. A | 469. A | 470. A |
| 471. B | 472. A | 473. B | 474. A | 475. A |
| 476. A | 477. A | 478. B | 479. A | 480. B |

| | | | | |
|---|---|---|---|---|
| 481. B | 482. A | 483. A | 484. A | 485. A |
| 486. A | 487. A | 488. A | 489. A | 490. B |
| 491. A | 492. A | 493. A | 494. B | 495. A |
| 496. A | 497. A | 498. A | 499. A | 500. A |
| 501. A | 502. A | 503. A | 504. A | 505. B |
| 506. A | 507. A | 508. A | 509. A | 510. A |
| 511. B | 512. B | 513. B | | |